# THÈSE
## POUR LE DOCTORAT

Saint-Amand (Cher). — Imprimerie DESTENAY.

FACULTÉ DE DROIT DE PARIS

DE LA

# COMPENSATION

EN

# DROIT ROMAIN ET EN DROIT FRANÇAIS

## THÈSE POUR LE DOCTORAT

L'ACTE PUBLIC SUR LES MATIÈRES CI-APRÈS SERA SOUTENU

Le Jeudi 22 Janvier 1885, à deux heures et demie

PAR

## EMILE MEYNIAL

Attaché au Cabinet du Garde des Sceaux

Président : M. BUFNOIR

SUFFRAGANTS {
  MM. GÉRARDIN.
  DESJARDINS. } Professeurs.
  CHAVEGRIN,  Agrégé.

PARIS

LIBRAIRIE NOUVELLE DE DROIT ET DE JURISPRUDENCE

ARTHUR ROUSSEAU, ÉDITEUR

14, RUE SOUFFLOT, ET RUE TOULLIER, 13

1885

# DROIT ROMAIN

## INTRODUCTION

*Quand deux personnes se trouvent à la fois créan-cière et débitrice l'une de l'autre, aucun principe juri-dique ne s'oppose à la coexistence de deux dettes, et l'on conçoit que chacune des parties soit obligée de payer d'une main ce qu'elle reprendra de l'autre. Mais si tel a pu être le droit primitif, il a été de bonne heure, dans toutes les législations, modifié par un prin-cipe d'équité, d'utilité publique et privée, par le prin-cipe de la compensation; on a compris qu'il était plus sage d'opérer une balance entre les dettes respectives et de n'obliger qu'au paiement du reliquat celle des parties qui s'en trouve débitrice.*

*La compensation est définie par Modestin,* debiti et crediti inter se contributio[1]. *M. Desjardins fait re-marquer que cette définition est incomplète; pour qu'il y ait compensation, la créance et la dette doivent exis-ter entre deux mêmes personnes*[2]. *La compensation*

[1] Loi 1, Dig. l. 16, t. 2.
[2] Desjardins, De la compensation et des demandes reconven-tionnelles, p. 2.

*réduit ainsi le nombre des procès, évite aux parties des frais et des déplacements de valeurs inutiles. Elle est par excellence une mesure de justice, et les jurisconsultes romains ne manquent jamais de lui attribuer l'équité comme fondement.* Dolo facit qui petit quod redditurus est [1]. — Æquitas quæ merum jus compensationis inducit [2]. *Il serait injuste que l'une des parties fût obligée de payer sa dette, sans obtenir le paiement immédiat de sa propre créance, et restât ainsi exposée à l'insolvabilité présente et future de l'autre partie.*

*En cette matière, comme en beaucoup d'autres, le droit romain nous présente un progrès lent et continu depuis la rudesse primitive du* merum jus *jusqu'aux solutions équitables de son dernier état. A l'origine la compensation est admise uniquement en matière de contrats de bonne foi, entre obligations réciproques dérivant* ex eadem causa. *Puis son domaine s'élargit, finit par s'étendre aux obligations dérivées de contrats* stricti juris *et n'ayant pas une origine commune. Nous aurons à rechercher comment le progrès s'est accompli, s'il est dû à la jurisprudence prétorienne, ou à une décision législative des empereurs. L'évolution ne se termine qu'avec Justinien, il nous faudra insister sur le caractère exact de ses réformes.*

*A Rome, la compensation n'a jamais été considérée*

---

[1] Loi 173, Dig. §. 3, l. 50, t. 17.
[2] Loi 36, Dig. l. 26, t. 7.

*comme une cause d'extinction des obligations, opérant par le seul fait de la loi. Malgré toutes ses transformations et même sous Justinien, comme nous essaierons de le démontrer, elle a toujours été judiciaire, c'est-à-dire prononcée par le juge après examen et constituant un simple résultat de procédure. Par suite d'une fausse interprétation du droit romain, la compensation est devenue légale dans l'ancien droit, et restée légale sous le Code Civil de 1803. Bien que cette thèse soit un simple exposé de doctrines juridiques, nous aurons à comparer législativement les deux institutions, et nous demander à laquelle il convient d'accorder la préférence. Mais nous réservons cette question pour l'aborder seulement après l'étude successive de la compensation dans le droit romain et de la compensation sous le Code Civil.*

*L'influence de la procédure romaine est ici plus sensible qu'en toute autre matière. « L'histoire de la compensation, nous dit M. Lair, se lie étroitement à l'histoire de la procédure romaine[1]. » Elle en suit toutes les transformations, tous les progrès. Nous l'étudierons successivement sous les trois systèmes de procédure, sous les actions de la loi, sous le système formulaire, sous la procédure extraordinaire.*

[1] Lair, De la Compensation et des Demandes reconventionnelles, p. 1.

# CHAPITRE PREMIER

## DE LA COMPENSATION DANS LES ACTIONS DE LA LOI

A quelle époque du droit romain remonte l'origine de la compensation? Etait-elle connue sous le système des actions de la loi? Une indication précieuse se tire de l'étymologie même du mot compensation, qui rappelle les temps très-anciens où la monnaie n'était pas connue, et où durait encore l'habitude de peser les lingots de métal. Nous pouvons en conclure que, dès le système des actions de la loi, les Romains possédaient déjà la notion de la compensation, mais comme le fait remarquer M. Desjardins, il est possible qu'ils aient seulement connu la compensation volontaire, c'est-à-dire la convention très-naturelle, entre deux personnes créancières l'une de l'autre, d'éteindre leurs dettes respectives au moyen des procédés juridiques d'extinction des obligations.

Faut-il admettre qu'ils pratiquaient également la compensation forcée, celle qui constitue un droit pour le défendeur en justice et peut être invoquée par lui contre son adversaire? A défaut de documents précis, nous sommes conduits à rechercher si la nature et le caractère des différentes actions de la loi se trouvent compatibles avec la compensation forcée :

Dans l'action *Sacramenti*, le juge est lié par les paroles sacramentelles des parties, sa seule mission est de déclarer le *sacramentum justum* ou *injustum*, il n'a aucune liberté d'appréciation qui lui permette de tenir compte des obligations réciproques et d'opérer la compensation.

La même rigueur n'existait pas dans la *judicis postulatio*. Cette action de la loi, moins ancienne que le *sacramentum*, était réservée aux actes juridiques synallagmatiques, comme la vente, le mandat, la société, la tutelle, qui plus tard, sous le système formulaire, donnèrent naissance aux actions de bonne foi. Dans ces sortes d'affaires, le juge devait se déterminer « *salva fide* » : Or le seul moyen de résoudre le litige, équitablement, n'était-il pas de prendre en considération toutes les conséquences du fait juridique, les obligations réciproques des deux parties, opérer la compensation, et absoudre le défendeur ou du moins réduire la condamnation? Cette solution est d'autant plus probable, que Gaïus fait résulter le pouvoir de compenser attribué au juge dans les actions de bonne foi de la *libera potestas* qui lui est laissée d'apprécier *ex æquo et bono* les obligations réciproques des deux parties, et de terminer le procès conformément à l'équité. Concluons que la compensation devait être pratiquée dans la *judicis postulatio*.

Mais des explications qui précèdent, il résulte une première limitation au pouvoir du juge, analogue à celle que nous constaterons plus tard dans les actions de bonne foi du système formulaire : la créance invoquée en compensation devait émaner de la même cause que celle du demandeur. Une controverse s'est élevée sur une deuxième restriction proposée par M. Lair. Le principe de la condamnation pécuniaire n'existant pas encore, la compensation n'aurait été possible que dans le cas où les deux parties se devaient des choses de même nature. On répond à cette doctrine par les deux arguments suivants : Restreindre ainsi la compensation c'est, dans la plupart des cas, empêcher le juge de rendre, comme c'est son devoir, une solution conforme à l'équité. De plus, sous le système des actions de la loi la monnaie était peu répandue, l'échange dominait encore, et toutes les choses étaient pour ainsi dire fongibles entre elles: aussi le juge devait considérer la valeur d'échange plutôt que leur nature même.

M. Desjardins ajoute une remarque qui a son importance : dans les actions de bonne foi de système formulaire la compensation était certainement admise entre créances de choses différentes : or, cela ne pouvait tenir au principe de la condamnation pécuniaire introduit avec le nouveau système de procédure ; car la réduction en argent était une conséquence de la condamnation, et précisément le demandeur ne pouvait être condamné. La réduction en argent et par suite la compensation dans les cas qui nous occupent ne sont pas des innovations du système formulaire puisqu'elles sont en contrariété avec ses principes, elles tiennent à la nature même des actions de bonne foi, elles ont dû préexister au système formulaire.

La *condictio* établie par les lois *Silia* et *Calpurnia*, pour les obligations *certæ pecuniæ* et *de omni certa re* présentent les mêmes rigueurs que l'action *Sacramenti*. Le *Sacramentum* avait été supprimé, mais le pouvoir du juge était demeuré aussi restreint, il ne pouvait qu'absoudre le défendeur ou le condamner à la chose même réclamée par le demandeur.

Quant aux deux autres actions de la loi, la *pignoris capto* et la *manus injectio*, c'étaient deux voies d'exécution qui ont dû rester étrangères à la compensation.

# CHAPITRE II

DE LA COMPENSATION SOUS LE SYSTÈME FORMULAIRE

Qu'est devenue la compensation sous le système formulaire ? Nous avons montré précédemment que la compensation n'avait jamais été chez les Romains qu'un résultat de procédure : pour apprécier le sort de la compensation sous le système formulaire il est donc indispensable d'exposer brièvement les principes fondamentaux de cette procédure.

Son trait caractéristique était la rédaction par le magistrat d'une formule traçant la mission du juge et délimitant ses pouvoirs, pouvoirs plus ou moins larges d'après la nature des actions. A ce point de vue comment classer les actions ?

Une grande distinction était faite entre les actions de droit strict ou *condictiones* et les actions de bonne foi :

Les *condictiones* qui ont leur source dans les contrats unilatéraux laissent au juge un pouvoir très-limité : il n'a jamais qu'à vérifier la prétention même du demandeur, condamner le défendeur si elle est exacte, l'absoudre au cas contraire. Quand la *condictio* est *certa*, c'est-à-dire quand le droit du demandeur porte sur une somme d'argent ou une quantité déterminée, ou sur un corps certain, le défendeur doit être condamné à la prétention exacte du demandeur, ou absous. Il en résulte que la plus petite erreur commise par le demandeur a pour effet l'absolution complète de son adversaire.

Les actions de bonne foi au contraire empruntées à la procédure de la *judicis postulatio* sanctionnent les obligations nées de contrats synallagmatiques, le juge n'a pas le droit de statuer sur des questions étrangères au fait qui lui est soumis, mais il est compétent pour apprécier toutes les conséquences de ce fait lui-même et les obligations réciproques des parties.

Restent enfin les actions réelles ; au point de vue qui nous intéresse, elles se rapprochent sensiblement des actions de bonne foi.

Il convient, en outre, de remarquer que toute condamnation était pécuniaire.

Ces principes posés, nous étudierons successivement la compensation dans les trois sortes d'action. Mais au préalable, il nous faut examiner deux cas spéciaux de compensation dont nous parle Gaïus, ceux de l'*argentarius* et du *bonorum emptor*.

## SECTION I

### Compensation de l'argentarius et deductio du Bonorum Emptor.

Les *argentarii* ou banquiers étaient de la part du législateur l'objet de rigueurs exceptionnelles. Ainsi par une dérogation aux principes du droit Romain ils étaient tenus dans les ventes de meubles qu'ils faisaient à l'encan de se dessaisir des objets vendus avant d'avoir reçu le prix, et s'ils poursuivaient le paiement, encore nantis de l'objet, ils étaient repoussés par l'exception *rei emptæ non traditæ* [1]. En matière de compensation, ils furent traités avec la même défiance. Un *argentarius* poursuit son débiteur qui se trouve en même temps son créancier ; il est obligé de retrancher ce qu'il doit de ce qui lui est dû et ne réclamer que l'excédant.

C'est une compensation qu'il est obligé de faire lui-même, elle est obligatoire quelles que soit les causes des deux dettes, et ce qui la distingue encore plus, elle se fait dans *l'intentio* : « *Præterea compensationis quidem ratio in intentione ponitur, quo fit ut si facta compensatione plus nummo uno intendat argentarius, causa cadat et ob id rem perdat* [2]. »

[1] Gaius, Comt. IV, parag. 126.
[2] Gaius, Comt. IV, parag. 68, 64.

Gaïus nous donne l'exemple suivant : un *argenta-rius* est envers Titius créancier de 20 et débiteur de 10, il devra ainsi formuler sa prétention : *Si paret Titium sibi* x, *millia dare oportere amplius quam ipsi Titio debet.* S'il lui demande 20, il perd son procès, et comme il a déduit son droit en justice, il ne peut plus agir de nouveau. S'il fait une compensation insuffisante, et réclame 15 par exemple, il faut dire encore que son droit est perdu, car, comme le fait remarquer M. Accarias, par cela même que son *intentio* ne contient qu'une différence, elle déduit tout *in judicium* [1]. La compensation était ainsi l'œuvre du demandeur au lieu d'être l'œuvre du juge. Le juge n'avait qu'à constater si *l'argentarius* l'avait exactement opérée, et prononcer la condamnation ou l'absolution du défendeur.

Il ne faut pas en conclure que la compensation de *l'argentarius* opère *ipso facto*, par la seule coexistence des deux dettes. En effet le client n'est pas soumis à la même obligation que *l'argentarius*, il peut sans aucun danger réclamer l'intégralité de sa propre créance.

Mais précisément en raison des rigueurs qui l'accompagnent la compensation n'est imposée à *l'argentarius* que sous deux conditions : les créances doivent avoir pour objet des choses de même nature, la compensation doit résulter du simple rapprochement des

---

[1] Accarias, Précis de droit romain, t. 2, n° 909.

deux créances, sans qu'il soit besoin d'aucune appréciation : autrement le banquier aurait couru le danger de la plus *petitio* sans aucune faute de sa part. Certains jurisconsultes exigent même que les choses soient de même qualité, des vins *in genere* n'auraient pu se compenser avec du vin de Falerne. Enfin la créance du client doit être exigible.

Cette législation exceptionnelle n'a pas pour seule explication la défiance inspirée par les *argentarii* ; elle tient aussi à la nature et aux conditions de leur commerce. Nous savons qu'ils étaient avec leurs clients en compte-courant des créances et des dettes ; avant d'introduire une action, il leur était donc facile d'opérer eux-mêmes la balance. De plus les livres du banquiers ont ceci de particulier qu'ils sont à la disposition de tout intéressé et que leur production en justice peut être exigée par la partie adverse. Si *l'argentarius* n'était pas tenu de compenser avant d'agir, le client introduirait plus tard une seconde action pour recouvrer sa propre créance, et sur sa demande les livres de *l'argentarius* passeraient une seconde fois sous les yeux du juge. La compensation rend inutile ce double examen des livres du banquier.

— Un second cas de compensation qui mérite un examen spécial est relatif au *bonorum emptor*.

Quand une personne se trouvait en état d'insolvabilité, l'ensemble de son dividende était mis en vente. L'acquéreur ou *bonorum emptor* succédait à tous les droits réels et personnels du *defraudator* et s'engageait à payer un dividende à ses créanciers. Mais quand il poursuivait des personnes à la fois créancières et débitrices du *defraudator*, il était tenu de *deducere* leurs créances de leurs dettes et ne réclamer que la différence ; ou plutôt comme il s'était engagé à payer un simple dividende, la *deductio* n'était exigée que dans la mesure du dividende, sans quoi le fait d'être en même temps créancier et débiteur du *defraudator* aurait constitué un privilège.

Cette *deductio* était insérée dans la *condemnatio*, à la différence de la compensation de *l'argentarius* qui avait sa place dans *l'intentio* : « *Deductio vero ad condemnationem ponitur, quo loco plus petenti periculum non intervenit, utique bonorum emptore agente, qui licet de certa pecunia agat, incerti tamen condemnationem concipit* [1]. » C'était le juge qui opérait la *deductio*, et le *bonorum emptor* ne courait aucun danger de plus *petitio*.

La *deductio* était un droit pour le défendeur, elle était insérée sur sa demande, si le *bonorum emptor* l'avait omise. Selon M. Ortolan [2], la formule devait être ainsi

---

[1] Gaius, Comt. IV, parag. 68.
[2] Ortolan, Institutes de Justinien, t. 3. n° 2177.

rédigée : « *Condemna quod super est deducto eo quod invicem sibi defraudatoris nomine debetur* ; » les créances invoquées par le défendeur devaient être insérées dans la *demonstratio* et visées par le *quâ de re agitur* qui la termine.

Nous devons signaler deux autres différences entre la *deductio* et la compensation, elles sont d'ailleurs les conséquences de la première : 1° La *deductio* ne suppose pas nécessairement que la créance et la dette du *defraudator* portent sur des choses de même nature, le *bonorum emptor* qui réclame de l'argent et doit du blé sera tenu de *deducere* le montant de sa dette : cette obligation n'avait rien de dangereux pour lui, l'évaluation et la conversion en argent de sa dette étant l'œuvre du juge ; 2° Une dette du *defraudator* non encore échue entrait en déduction, sauf pour le juge à tenir compte de *l'inter usurium* ; ainsi cette règle de notre législation moderne, que la faillite et la déconfiture rendent exigibles les dettes non échues, a son origine dans le droit romain.

## SECTION II

### Compensation dans les actions de bonne foi.

Les développements que nous avons donnés au sujet de la *judicis postulatio* nous dispensent d'insister longuement sur la compensation dans les actions de bonne foi ; car elles sont analogues à celles qui donnaient ouverture à la *judicis postulatio*, la compensation y fonctionne d'après les mêmes principes.

Après avoir donné l'énumération des actions de bonne foi, Gaïus ajoute : *in his quidem judici nullo modo est præceptum compensationis habere rationem, scilicet ei hoc non ipsius formulæ verbis præcipitur, sed quia id bonæ fidei judicio conveniens videtur, id officio ejus contineri creditur* [1]. On sait que les action de bonne foi sanctionnent des contrats synallagmatiques ; pour terminer le différent en *bona fide*, le juge devait pouvoir tenir compte des obligations réciproques qu'avait engendrées le contrat. C'était là une conséquence de la nature même de l'action, et le préteur n'avait pas à conférer expressément le pouvoir de compensation par une addition à la formule. Cujas était donc dans l'erreur, quand il faisait dériver cette faculté du juge d'une exception de dol sous-entendue.

La compensation d'ailleurs, ne pouvait se produire que sous une condition essentielle : les deux créances devaient être nées *ex eadem causd*, le juge n'ayant aucun pouvoir d'apprécier les obligations étrangères à l'affaire qui lui est soumise. Ainsi, un commodataire, poursuivi en restitution de l'objet prêté, ne sera pas

---

[1] Gaius, Comt. IV, parag. 63.

admis à invoquer en compensation une créance née
par exemple d'un *mutuum*, le juge ne serait pas compétent pour statuer sur cette créance. Mais si le commodataire a fait des dépenses ou subi un préjudice
à l'occasion de la chose même, objet du *commodat*, la
compensation devient possible ; en d'autres termes,
on peut retenir, par la compensation, ce qu'on obtient
par l'action contraire.

Faut-il en conclure que l'action contraire est inutile ? Il y a des circonstances nombreuses, où elle est
préférable au procédé de la compensation. Il suffit de
supposer que la créance du défendeur est la plus élevée, s'il invoque la compensation, il peut obtenir son
absolution, mais il ne peut faire condamner le demandeur. L'action contraire permet au défendeur qui a
omis d'invoquer la compensation ou n'a pu la faire
admettre par le juge de réclamer la créance non
compensée, elle permet de ne pas attendre la poursuite de l'autre partie.

Enfin, il peut arriver que le choix entre les deux moyens
n'existe même pas. Pour continuer l'exemple du commodataire, l'action *commodati contraria*, sera sa seule
ressource dans les cas où l'action du commodant est
éteinte, par exemple, par la perte fortuite de l'objet prêté.

Toutes ces considérations se trouvent exprimées
dans une loi importante de Gaius : « *Quod au-*

*tem contrario judicio consequi quisque potest, id etiam recto judicio, quo cum eo agitur, potest salvum habere jure pensationis. Sed fieri potest ut amplius esset, quod invicem aliquem consequi oporteat, aut judex pensationis rationem non habeat, aut ideo de restituanda re cum eo non agatur, quia res casu intercidit, aut sine judice restituta est, dicemus necessariam esse contrariam actionem »* [1].

La compensation s'opère-t-elle dans toutes les actions de bonne foi ? Il semble bien qu'aucune exception n'existait au moins du temps de Gaius. Après avoir, dans son paragraphe 61, posé le principe général de la compensation, Gaius énumère toutes les actions de bonne foi sans signaler aucune exception au principe. Mais nous trouvons, dans les sentences de Paul, un texte très diversement expliqué ; il est ainsi conçu : « *In causa depositi, compensationi locus non est, sed res ipsa reddenda est*[2]. » L'action de dépôt n'est pas susceptible de compensation. Remarquons de suite que les termes du texte « *in causa depositi* » sont généraux et ne sauraient être restreints à l'action en revendication, ou à l'action *in factum* arbitraire. La solution paraît s'imposer. Cependant la plupart des interprètes se refusent à l'admettre ; elle leur semble in-

[1] Loi 18, §. 4, Dig. l. 13, t. 6.
[2] Sentences l. 2, t. 12, §. 12.

conciliable avec le principe de la condamnation pécuniaire et avec un certain nombre de textes au Code et au Digeste dans lesquels Justinien prétend avoir innové, en interdisant la compensation dans l'action *depositi* « ... *Exceptâ actione depositi, secundum nostram sanctionem, in qua nec compensationis locum esse disposuimus*[1] ». Le texte de Paul aurait subi une altération. Mais, suivant la remarque de M. Lair, il nous est parvenu par le bréviaire d'Alaric rédigé en 506, antérieurement aux travaux législatifs de Justinien, l'exception qu'il consacre est elle-même antérieure à Justinien. M. Desjardins, forcé d'admettre l'authenticité du texte, nous propose une autre explication : « Ne peut-on pas supposer dit-il[2], que Paul fait allusion à l'infamie qui résultait de l'action *depositi* directe? Sans doute, la compensation était admissible, la condamnation du dépositaire était diminuée s'il y avait lieu ; il était même absous si sa créance était égale ou supérieure à la valeur attribuée par le juge à l'objet du dépôt ; mais il ne pouvait éviter l'infamie, que par la restitution de cet objet lui-même ; c'est en ce sens, que *res ipsa reddenda est.* Cette interprétation s'accorde avec la loi 10 C. *depositi* de Dioclétien et Maximilien ainsi conçue: « *Qui depositum non resti-*

[1] Loi 14, § 1, Code, l. 4, t. 31.
[2] Desjardin, p. 118

*tuit, suo nomine conventus et condemnatus, ad ejus restitutionem cum infamiæ periculo urgetur.*» La règle ne souffre aucune exception. »

Cette explication très-ingénieuse a le tort de ne pas tenir compte des termes formels du texte : « *In causa deposito compensationis locus non est*, » la compensation n'est admise à aucun titre dans les actions de dépôt ; « *res ipsa reddenda est*, » ces mots imposent au dépositaire l'obligation de restituer la chose elle-même, au lieu de prévoir les conséquences de la non-restitution.

Cette disposition a donc préexisté à la législation impériale, Justinien s'est borné à la consacrer de nouveau.

Quand plus tard, la compensation fut admise dans les actions de droit strict, elle devint également possible dans les actions de bonne foi, *ex dispari causa*. Mais ce fut à la condition de modifier la formule, pour permettre au juge d'apprécier des créances étrangères à l'objet primitif du procès. Le défendeur dut faire insérer *l'exceptio doli*.

## SECTION III

**De la Compensation dans les actions de droit strict.**

Les actions de droit strict, à la différence des ac-

tions de bonne foi, sanctionnent des contrats unilatéraux ; le juge n'a plus à apprécier *ex æquo et bono*
des obligations réciproques ; son devoir se borne à résoudre la question précise qui lui est posée, en s'ins-
pirant uniquement du droit strict. Si le défendeur se
trouve par ailleurs créancier de son adversaire, il
n'en sera pas moins condamné, et n'aura d'autre ressource que d'exercer plus tard sa propre action. Nous
avons exposé, au début de ce travail, les inconvénients
d'un pareil système ; il devait disparaître avec les progrès du droit ; la compensation, même dans les actions
de droit strict finit par être admise. On discute seulement sur l'époque et sur l'origine de cette innovation.
Les Instituts de Justinien nous apprennent que la
compensation fut établie dans les actions de droit strict
par un rescrit de Marc-Aurèle, et qu'elle s'exerça au
moyen de l'exception de dol. *Sed et in strictis judiciis
ex rescripto divi Marci, opposita doli mali exceptione,
compensatio indulcebatur*[1]. La question controversée
est celle-ci : Faut-il prendre à la lettre l'indication
de Justinien ? Marc-Aurèle a-t-il réellement innové en
introduisant la compensation dans les actions de droit
strict, ou existait-elle avant lui et n'a-t-il fait que consacrer législativement un usage antérieur de la jurisprudence ? Après avoir pendant longtemps suivi l'opi-

[1] Institutes, l. 4, t. 6, pg. 30.

nion de Cujas, qui attribuait au rescrit de Marc-Aurèle l'origine première de la compensation dans les actions de droit strict, la majorité des auteurs est aujourd'hui en sens contraire ; c'est également la seconde opinion que nous croyons devoir adopter.

Deux simples remarques avant la discussion des textes : Il est plus conforme au développement général du droit romain de supposer qu'en cette matière, comme en tant d'autres, le progrès a été réalisé par la jurisprudence prétorienne. La compensation existait déjà dans les actions de bonne foi comme mesure d'équité ; il s'agissait uniquement de l'élargir et de l'étendre par un moyen de procédure à une seconde catégorie d'actions ; ceci cadre naturellement avec l'œuvre générale du préteur. — De plus, la décision de Marc-Aurèle se présente sous la forme de rescrit, or, ce n'est pas sous cette forme qu'étaient introduites d'ordinaire les décisions législatives ; il est à croire que l'empereur avait été consulté par un magistrat, peut-être d'une province éloignée, sur le mérite d'un usage antérieur.

Le Com. IV de Gaius qui nous donne de précieux renseignements sur la compensation, dans les actions de bonne foi et la compensation spéciale de l'*argentarius* et du *bonorum emptor*, est muet sur la compensation dans les actions de droit strict ; or, on sait que

Gaius est contemporain de Marc-Aurèle : de son silence les partisans du premier système concluent que le commentaire IV a été composé avant le rescrit de Marc-Aurèle, et qu'avant cet acte législatif, la compensation, dans les actions de droit strict, était encore inconnue. Mais l'argument n'est pas décisif ; et on ne peut tirer aucune induction du silence de Gaius, parce que son manuscrit présente une lacune entre le parag. 60 et le parag. 61, où il est question de la compensation dans les actions de bonne foi ; on objecte que Gaius aurait manqué d'ordre et de logique, en exposant la compensation dans les actions de droit strict avant la compensation dans les actions de bonne foi. Nous croyons cependant qu'il n'est pas possible de fonder une solution sur un texte aussi incomplet.

Il nous faut maintenant établir notre thèse sur des textes antérieurs à Marc-Aurèle. La première loi toujours invoqué dans cette discussion est une loi de Celsus, contemporain de Trajan, la loi 38 de *Rei Vindicatione*. Un possesseur de bonne foi est actionné en revendication. Pour recouvrer les dépenses utiles qu'il a faites sur le fonds, il réclame l'insertion d'une exception de dol. Un bon juge, nous dit Celsus, devra statuer selon les personnes et les circonstances. Le propriétaire aurait-il également fait les dépenses, il pourra reprendre l'immeuble, mais en payant soit la dépense, soit la plus value, si elle est inférieure à la dépense. Si le propriétaire est un homme pauvre, hors d'état de s'acquitter, le défendeur enlèvera tout ce qu'il pourra sans détériorer le fonds. Enfin le propriétaire revendique le fonds pour le revendre : « *Finge eam personam esse domini quæ receptum fundum mox vinditura sit, nisi reddit, quantum prima parte reddi oportere diximus, eo deducto tu condemnandus es.*

Voilà bien l'exemple d'une compensation rendue possible par l'insertion de *l'exceptio doli* : Sans doute dans la loi de Celsus il est question d'une action réelle arbitraire, et par plus d'un côté les actions arbitraires se rapprochent des actions de bonne foi. Mais il y a au moins cette différence avec les actions de bonne foi que la compensation fonctionne ici au moyen de l'exception de dol.

Mais voici des textes qui supposent certainement la compensation dans les actions de droit strict et tranchent notre question.

La loi 10, parag. 3 au Dig. L. 16, T. 2, est particulièrement décisive : « *In stipulationibus quoque quæ instar actionum habent, id est prætoriis, compensatio locum habet, et secundum Julianum tam in stipulatione quam ex stipulata actione poterit objici compensatio.* »

Le propriétaire d'une maison qui menace ruine

est conduit par son voisin devant le préteur et obligé de fournir la *cautio damni infecti*, il a le droit devant le préteur, *in ipsa stipulatione*, d'invoquer la compensation, et même s'il garde le silence ou s'il devient plus tard créancier de son voisin (car la loi ne fait pas de distinction) il aura la même faculté dans l'action *ex stipulata*. Ulpien rapporte ici l'opinion de Julien qui vivait sous Adrien. N'est-ce pas un exemple irréfutable de compensation dans une action de droit strict? On a soutenu que la compensation était permise ici, grâce à la *clausula doli* qui accompagnait toujours la stipulation prétorienne et donnait à l'action *ex stipulatu* le caractère d'une action de bonne foi. L'objection se réfute ainsi : dans notre loi la compensation s'opère entre créances nées *ex alia causa ;* c'est la compensation des actions de droit strict et non celle des actions de bonne foi.

Qu'importe d'ailleurs cet effet de la *clausula doli*? Elle donne à l'action *ex stipulatu*, née d'une stipulation prétorienne, le caractère d'une action de bonne foi. Mais nous trouvons des textes pour dire à propos de toutes les actions de droit strict en général que l'exception de dol a pour effet de les transformer en action de bonne foi, faudrait-il en conclure que la compensation dans les actions de droit strict n'a ja-

Loi 42, pr. Dig. l. 39, t. 6.

mais existé, que tout revient à la compensation dans les actions de bonne foi?

La loi 5 au même titre, permet au fidéjusseur d'invoquer en compensation la créance née au profit du débiteur : l'action dirigée contre le fidéjusseur est une action de droit strict.

De même la loi 15 de Javolenus, suppose que j'ai stipulé de Titius une somme d'argent payable en un certain lieu. Je suis poursuivi par Titius en paiement d'une dette d'argent que j'ai contractée *ex alia causa*. Je pourrai invoquer en compensation la somme d'argent promise par Titius, en tenant compte de l'intérêt que j'avais à être payé dans le lieu convenu plutôt que dans un autre : encore un exemple de compensation *ex alia causa* dans une action de droit strict.

Citons enfin la loi 2 de Julien : « *Unus quisque creditorem suum eumdemque debitorem petentem summovet, si paratus est compensare* ».

Il est difficile d'admettre que tous ces textes aient été dans le principe applicable à l'*argentarius* et interpolés par Justinien : ils démontrent bien que Marc-Aurèle a simplement confirmé un usage antérieurement établi.

— Une seconde question se présente à nous : Si nous supposons vérifiée l'exception de dol introduite dans une action de droit strict, le défendeur doit-il être absous, ou condamné à l'excédant de sa dette sur sa créance ? Jusqu'à la découverte du manuscrit de Gaïus, la seconde opinion était universellement admise. Mais un certain nombre de jurisconsultes, parmi lesquels il convient de signaler M. Ortolan, ont cru trouver dans les commentaires de Gaïus, joints aux principes de la procédure formulaire, la preuve que l'exception de dol entrainait l'absolution complète du défendeur. Ils s'appuient principalement sur la place occupée dans la formule par l'exception de dol : elle fait partie de *l'intentio*, la rend doublement conditionnelle : *si non*, *si nihil*, et par sa rédaction, met le juge dans l'alternative de condamner ou d'absoudre ; si le dol est vérifié, l'absolution du défendeur et la déchéance du demandeur s'imposent fatalement. A côté des vraies exceptions, telle que l'exception de dol dont la place est toujours dans *l'intentio*, il existe certains moyens de défense qui s'ajoutent à la *condemnatio*, et permettent au juge de réduire la condamnation, telles sont *l'exceptio in id quod facere potest*, et la *deductio du bonorum emptor*. Aucun texte ne permet de supposer que *l'exceptio doli* ait pu prendre place dans la condamnation; au contraire la rédaction que nous en donne Gaïus s'oppose à ce qu'elle ait pu figurer dans cette partie de la formule.

Un premier argument contre ce système, c'est qu'il

va à l'encontre du principe même de la compensation. Cette institution a été admise par mesure d'équité, or, la déchéance du demandeur serait un résultat rigoureux et inique. Cette simple considération ne suffirait pas cependant à écarter une théorie fondée en droit. Mais les textes nous imposent-ils une pareille solution ?

Il est d'abord évident que la question ne se pose pas à propos des actions à formule incertaine ; il s'agit ici d'une déchéance pour plus *petitio*, qui n'est pas à craindre dans ces sortes d'actions. Le danger existe uniquement dans les actions à formule certaine. Mais il convient de remarquer, avec M. Accarias, que la plus *petitio* résulte toujours *ipso jure* de l'exagération de la demande ; c'est une chose contradictoire en soi qu'une plus *petitio* qui suppose l'insertion d'une exception.

On s'explique la compensation imposée à l'*argentarius* sous peine de déchéance ; il lui était facile de la faire parce qu'il n'avait qu'à comparer des quantités de même espèce, une somme d'argent avec une autre somme d'argent, du blé avec du blé, etc. Au contraire je suis créancier envers Titius de 50 sous d'or et débiteur envers lui d'une certaine quantité de blé, inférieure en valeur ; on ne peut pas raisonnablement m'obliger à faire moi-même la compensation, la plus petite erreur d'évaluation devant entraîner une déchéance. Si la théorie que nous combattons était exacte, elle aurait pour conséquence que la compensation, dans les actions de droit strict, n'était admise que *ex pari specie*. Plusieurs auteurs ont, en effet, soutenu cette opinion, mais elle est contredite par tous les textes.

Le principal défenseur de la doctrine opposée, M. Ortolan, reconnaît lui-même que la jurisprudence romaine devait offrir au demandeur le moyen de faire évaluer judiciairement sa dette et d'obtenir la condamnation pour l'exédant de sa créance. « A la demande de l'action sollicitée par son adversaire, le défendeur oppose la créance qu'il prétend avoir de son côté, et sollicite, pour le cas où son adversaire se refuserait à ce que compensation en fût faite, l'exception de dol. Mais il faut bien se fixer sur ce qu'il demande : *implorare compensationem*, c'est demander soit que l'adversaire reconnaisse *in jure* le bien fondé de la compensation et réduise en conséquence sa demande, soit que du moins la compensation soit introduite dans la formule (*compensatio inducebatur*), c'est-à-dire qu'il soit fait à la formule une modification ou adjonction qui donne au juge le pouvoir d'en connaître et de l'opérer, s'il y a lieu[1]. » Mais quel est ce procédé qui donne au juge le pouvoir de tenir compte de la créance du défendeur ? Les textes que nous avons sur la matière et en particulier les Instituts de Justinien, nous en indiquent un seul, l'insertion de l'*exceptio doli*. Au contraire,

[1] Ortolan, t. 3, n° 2189.

suivant M. Ortolan « la rédaction formulaire offre au demandeur plus d'un expédient pour consentir, sans com-
promettre ses droits, à ce que la question soit soumise
au juge. Voici plusieurs de ces moyens qui nous sont
connus : — Une *præscriptio* par laquelle il bornerait sa
demande à ce qui ne serait pas compensé. — Une *compensatio* proprement dite, insérée dans son *intentio*, —
une *deductio* permettant de réduire le montant de la
condamnation. Enfin et ce serait ici la modification la
plus large à faire à la formule, le demandeur peut consentir, bien qu'il agisse en vertu d'une cause de droit
strict, à transformer son *intentio* en *intentio* de bonne
foi. Sur son refus persévérant jusqu'à la *litis contestatio*
d'admettre aucune de ces modifications ou adjonction
à la formule, le préteur accorde au défendeur l'exception *doli mali* et le demandeur en court les risques. »
Ce sont là des suppositions purement gratuites qui
ne trouvent leur fondement dans aucun texte, et la
doctrine qui attache à l'*exceptio doli* un effet absolu et
inexplicable demeure implacable.

Nous sommes conduits à préciser l'effet des exceptions, en particulier de l'*exceptio doli* invoquée en vue
de la compensation. Qu'une exception puisse avoir
dans certains cas pour conséquence l'absolution complète du défendeur, cela n'est pas mis en doute ; mais
il peut se faire également que l'exception ait un effet

moins absolu et entraîne une simple diminution dans la condamnation. Cette opinion se trouve confirmée par des textes décisifs, notamment ce passage de Paul : « *Exceptio est conditio quæ modo eximit reum damnatione, modo minuit damnationem* » [1]. M. Ortolan est d'avis que la première partie du texte vise les exceptions insérées dans l'*intentio* de la formule, et la seconde partie les exceptions insérées dans la *condemnatio* ; ceci n'est en rien démontré et nous préférons la théorie de M. Accarias, divisant à ce point de vue les exceptions en trois classes [2] :

1° Un certain nombre d'exceptions telles que les exceptions *legis Cinciæ, metus causa, litis dividuæ*, entraînent toujours l'absolution du défendeur, le motif qui les a fait admettre s'appliquant forcément à l'objet de la demande sans restriction.

2° Une deuxième catégorie comprend les exceptions qui, sous peine de manquer leur but, n'entraînent jamais qu'une simple réduction de condamnation : telles sont les exceptions *hereditatis restitutæ ex Trebelliano, et si non et ille solvendo sint.*

3° Dans une troisième catégorie figurent les exceptions qui, suivant les cas, s'appliquent à la totalité ou à une partie seulement de l'*intentio* : telle est l'exception tirée du Sénatus-consulte Vélléien. Dans la loi

_____
[1] L. 22, pr. au Dig. l. 44, t. 1. — [2] Accarias t. 2, n° 901.

17, pg. 2, Dig. l. 16, t. 1, Africain suppose qu'une femme
et Titius ont emprunté ensemble dans un but commun
et sont devenus débiteurs d'une même somme ; si
l'emprunt a été fait pour éviter à la femme un plus
grand dommage, elle ne pourra se défendre par l'exception du Sénatus-consulte. Mais s'il a été fait simplement en vue d'un achat, la femme est considérée
comme ayant intercédé pour Titius ; le créancier ne
pourra lui réclamer que sa quote-part dans la dette ;
s'il lui demande le tout, il sera repoussé pour partie
par l'exception du Sénatus Vélleien : « *quod si totum
petierit, exceptione pro parte sua movetur.* »

L'exception de dol rentre dans cette troisième catégorie, le dol pouvant paralyser l'*intentio* tout entière
ou une partie seulement. Les textes abondent pour
confirmer cette opinion qui est encore aujourd'hui soutenue par la majorité des interprètes.

Dans les actions de bonne foi le défendeur qui invo-
quait en compensation une créance *ex eadem causa*,
n'était pas absous, mais condamné à l'excédent de sa
dette sur sa créance ; or, c'est cette même compensation que la jurisprudence du préteur et le rescrit de
Marc-Aurèle ont introduite dans les actions de droit
strict. Nous avons le témoignage de Justinien, dans
le parag. 30 des Institutes : après avoir déclaré que
le juge des actions de bonne foi opérait une véritable

compensation entre les deux créances et condamnait le défendeur à la différence, Justinien ajoute que la compensation devint également possible dans les actions de droit strict, en vertu du rescrit de Marc-Aurèle : « *Sedet in strictis judiciis, ex rescriptio divi Marci, opposita doli mali exceptione, compensato inducebatur.* » Il ne signale aucune différence entre la compensation dans les actions de bonne foi et la compensation dans les actions de droit strict ; c'est une simple extension dans le domaine de la compensation. Nous savons qu'à l'époque de Justinien la compensation de l'*argentarius* et la *deductio* du *bonorum emptor* étaient tombées en désuétude ; par le mot de *compensatio* il n'a pu désigner que la compensation, telle qu'elle se pratiquait dans les actions de bonne foi.

Le texte de Justinien est encore rendu plus décisif par cette paraphrase de Théophile : « *Facta est constitutio Marci imperatoris quæ ait me strictâ actione conventum de solidis decem, quum mihi deberentur quinque, posse actioni opponere exceptionem doli, atque hac opposita exceptione judici occasio datur admittendi compensationem et in quinque solidos condemnandi.* »

Dans la loi 10 pg. 3, au Dig. 1. 16, T, 2 que nous avons déjà citée, Julien ne met aucune différence entre le cas où la compensation intervient *in ex stipulatu ac-*

*tione*, et le cas où elle intervient *in ipsá stipulatione;* or, dans ce dernier cas, quand elle était invoquée devant le magistrat, elle ne pouvait avoir d'autre effet que de faire réduire la garantie réclamée du défendeur.

On invoque souvent deux lois de Papinien et de Celsus, l'une et l'autre relatives à l'effet de *l'exceptio doli,* dans les actions réelles arbitraires : « *Doli non inutiliter opponitur exceptio; bonæ fidei autem judicio constituto* [1]... — *Bonus judex varie ex personis causisque constituit* [2]. Il en résulte que l'exception de dol insérée dans une formule de revendication a pour effet de donner à cette action le caractère d'une action de bonne foi ; elle confère au juge un pouvoir beaucoup plus grand que celui qu'il tient de *l'arbitrium*, et lui permet de faire des compensations *ex eadem causa,* comme dans les actions *in personam bonæ fidei;* or, nous savons que dans l'action de bonne foi, la circonstance que le défendeur a une créance sur le demandeur n'amène pas son absolution. M. Ortolan a contesté l'efficacité de l'exception *doli* et soutenu que le pouvoir d'apprécier *ex æquo et bono* la satisfaction due par le défendeur dérivait de la nature même de l'action arbitraire. Mais il ne s'agit pas seulement de la satisfaction imposée au défendeur ; l'ex-

[1] L. 42, pr. Digl. 39, t. 6.
[2] Loi 38, Digl. 6, t. 1.

ception de dol intervient pour donner au juge le moyen d'obliger le demandeur à indemniser le défendeur.

Voici d'autres lois qui ont un rapport direct avec notre controverse et précisent l'effet de l'exception de dol dans les actions de droit strict :

C'est d'abord la loi 16 au Dig. l. 44. t, 4 : Un fou a délégué son débiteur à son créancier. Le débiteur le croyant sain d'esprit a payé entre les mains du cessionnaire, puis il est poursuivi au nom de l'incapable : en opposant l'exception de dol, il obtiendra une diminution de condamnation jusqu'à concurrence du profit que le fou a retiré du paiement, *exceptione doli in id quod in rem furiosi processit, defenditur.*

La loi 16, Dig. l. 35. t. 2, suppose que plusieurs objets ont été légués à une même personne ; l'héritier en a délivré plusieurs sans retenir la quarte falcidie, puis est actionné pour le surplus ; en opposant l'exception de dol, il pourra retenir la quarte falcidie, même pour les objets qu'il a déjà délivrés : *falcidiam plenam etiam pro his quæ jam data sunt, per doli exceptionem retinere potest.*

— Un testateur a légué à un esclave son pécule et l'a affranchi sous condition de payer 10 à une tierce personne. L'héritier empêche l'esclave de remplir la condition, puis l'affranchit. L'esclave réclamant son pécule, l'héritier pourra-t-il retenir les 10 qui n'ont pas été payés : *an per doli exceptionem, eam summam quam daturus esset, deducere heres possit, ut ipsi prosit, non manumisso, quod ex pecunia data non est*[1]. Ce texte suppose bien que *l'exceptio doli* peut avoir pour effet une diminution de la condamnation.

Citons encore la loi 9, parag. 1, Dig. l, 12, t. 4. *Si quis indebitam pecuniam, per errorem jussu mulieris, sponso ejus promisisset, et nuptiæ secutæ fuissent, exceptione doli mali uti non potest. Sed, si soluto matrimonio, maritus peteret, in eo duntaxat exceptionem obstare debere quod mulier receptura esset.* Une personne, se croyant par erreur débitrice d'une femme, s'engage sur son ordre envers son fiancé pour le montant de la prétendue dette. Si pendant la durée du mariage le fiancé devenu mari agit contre le promettant, il ne pourra être repoussé par l'exception de dol, car il n'a commis aucun dol et serait injustement déçu s'il se trouvait avoir épousé une femme sans dot ; mais s'il n'exerce son action qu'après la dissolution du mariage, l'exception de dol lui sera valablement opposée, pour la partie de la somme que la femme est en droit de reprendre.

On a essayé une réfutation de l'argument fourni par les textes que nous venons d'exposer : Ce n'est

---

[1] Loi 20, pr. Dig. l. 40, t. 7.

pas le juge qui, à la suite d'une insertion effective de *l'exceptio doli*, opère la compensation et condamne le défendeur à la différence des deux créances ; c'est le demandeur qui, sous la menace de l'exception et de la déchéance qui peut en résulter, fait lui-même la compensation et la traduit par une réduction de son *intentio*. Et nos adversaires maintiennent que si le demandeur résiste à la menace de l'exception et si ce moyen de procédure est effectivement employé, l'absolution du défendeur est une nécessité pour le juge. Cette interprétation est inadmissible ; la tournure même des textes suppose l'emploi réel de l'exception de dol « *exceptione doli defenditur;* » les mots *duntaxat... deducere*, que nous avons rencontrés plusieurs fois, indiquent une opération du juge ; de plus ce système imposant au demandeur une évaluation toujours pleine de dangers aurait été inapplicable.

Voici d'ailleurs un dernier texte qui suppose formellement l'insertion de *l'exceptio doli* et accorde au juge le pouvoir d'apprécier les deux créances. Un fidéjusseur qui a garanti la vente d'un fonds est condamné pour éviction de ce fonds ; il est prêt à payer le montant de la condamnation et en outre *omnia quæ jure empti continentur*. Si malgré cela l'acheteur le poursuit par l'action *judicati*, pourra-t-il opposer l'exception de dol? *Quæro an agentem emptorem exceptione ex causâ judicati doli mali summovere potest ? Respondit exceptionem quidem opponi posse ; judicem autem æstimaturum, ut pro damnis emptori satisfiat* [1]. » L'exception de dol est recevable ; mais elle donne au juge le pouvoir d'apprécier le dommage causé par l'éviction. Nous avons admis la leçon de Pothier qui consiste à rapprocher les mots *causa judicati agentem* et les mots *doli mali exceptione*. Mais la solution serait encore la même s'il s'agissait de l'action *empti* et de l'exception de chose jugée.

En résumé notre système est consacré par [tous les textes, il a pour lui la logique et l'équité.

—'Mais on lui oppose un passage des sentences de Paul qui a été l'objet des interprétations les plus diverses ; nous le reproduisons en entier : « *Compensatio debiti ex pari specie, causa dispari admittitur : velut si pecuniam tibi debeam, et tu mihi pecuniam debeas, aut frumentum, aut cætera hujusmodi, licet ex diverso contractu, compensare vel deducere debes. Si totum petas, plus petendo cadis* [2]. » Ce texte paraît en opposition absolue avec notre système, puisqu'il frappe de *plus petitio* et de déchance le demandeur qui aurait négligé d'opérer lui-même la compensation ou de recourir à une *deductio*. Mais on peut facilement démontrer qu'il

[1] Loi 15, Dig. 1. 44, t. 4.
[2] Paul Sentences, 1. 2, t.5, parag. 3.

est tout à fait étranger à notre question, à la compensation dans les actions de droit strict. En effet, il ne mentionne même pas l'exception de dol qui était le seul moyen à la disposition du défendeur pour invoquer la compensation, d'autre part il exige que les deux créances soient *ex pari specie :* nous verrons que cette condition n'a jamais existé. Le texte doit donc s'appliquer à une compensation spéciale dans laquelle l'exception de dol n'avait pas besoin d'être invoquée, et les créances à compenser devaient avoir pour objet des choses fongibles. Ces deux caractères sont propres à la compensation de *l'argentarius*. Nous sommes conduits à admettre que Paul a entendu parler de cette matière spéciale et que son texte a été altéré en passant dans le Bréviaire d'Alaric, par lequel les sentences nous sont parvenues. On objecte que cette partie du texte « *compensare vel deducere debes* » ne peut s'appliquer à *l'argentarius*, celui-ci était dans l'obligation de *compensare*, il n'avait pas la faculté d'insérer une *deductio* dans la condamnation. Mais le mot *deducere* n'est pas toujours pris avec le même sens que dans la *deductio* du *bonorum emptor*. Suivant la remarque de M. Desjardins, *deducere* peut signifier déduire une valeur d'une valeur plus grande; *compensare* s'entendra de la compensation ayant lieu pour le tout, *deducere* de la compensation s'exerçant jusqu'à concurrence de la créance du défendeur, plus faible que celle de son adversaire.

M. Lair, dans son traité de la compensation, a proposé une autre explication très-ingénieuse. Il part de cette idée que le texte est authentique ; les jurisconsultes, chargés par Alaric de rédiger la *lex Romana Visigothorum*, n'ont pas reçu pouvoir de modifier les textes qu'ils inséraient dans leur recueil, et la comparaison des textes qu'ils nous ont transmis, et qui nous sont également parvenus par d'autres sources, établit qu'ils ont été fort sobres d'altération, en particulier pour les sentences de Paul.

Mais si le texte n'est pas relatif à la compensation dans les actions de droit strict, par le moyen de l'exception de dol, et s'il n'est pas permis de le modifier pour le rendre applicable à la compensation de l'*argentarius*, quelle peut être sa portée ?

M. Lair admet que, postérieurement à Gaius et à Marc-Aurèle, l'obligation imposée à l'*argentarius* a été étendue à tous ceux qui se trouvaient en même temps créanciers et débiteurs de choses *ex pari specie*. Seulement tandis que l'*argentarius* était dans la nécessité de *compensare*, on permit au simple particulier de recourir à la *deductio*.

Ainsi, les deux créances ont-elles pour objets des choses fongibles, l'évaluation ne comporte au-

cune difficulté, et doit être faite par le demandeur
lui-même. Au contraire, les deux créances ont
pour objet des choses différentes, l'évaluation devient l'œuvre du juge, et l'exception de dol est nécessaire.

Cette interprétation de M. Lair a le double avan-
tage d'écarter le texte de Paul de notre discussion, en
le rendant étranger à la compensation dans les actions
de droit strict au moyen de l'exception de dol, et de
l'expliquer par ses termes mêmes, sans supposer aucune altération.

Mais avec la généralité des auteurs, nous ne croyons pas devoir l'admettre ; la distinction qu'elle introduit n'est autorisée par aucun texte. Si elle avait existé,
le parag. 10 des Instilutes n'aurait pas manqué d'en
parler ; elle est démentie formellement par la paraphrase de Théophile. — Les règles rigoureuses, imposées à l'*argentarius*, s'expliquaient par la défaveur
et la méfiance dont il était l'objet. Mais comment justifier l'extension de ces rigueurs à un demandeur quelconque ? Est-ce que les innovations de la jurisprudence
n'étaient pas au contraire toujours dans le sens de
l'équité ? Est-il vraisemblable qu'après avoir admis
*æquitatis causa* la compensation dans les actions de
droit strict, la jurisprudence ait élargi l'application
de règles aussi rigoureuses, cela à une époque où les

registres domestiques étaient tomb    en désuétude?
Pour finir, remarquons avec M. Desjardins qu'il n'eut
pas été sérieux d'astreindre une personne à compenser
dans *l'intentio*, et en même temps de lui accorder la
faculté de déduire dans la *condemnatio* ; il est évident
qu'elle eût toujours préféré la seconde opération aux
dangers de la première, et il serait dérisoire d'ajouter
« *si totum petas, plus petendo cadis* ».

## SECTION IV

**Compensation dans les actions arbitraires personnel-
les, et les actions in rem.**

Jusqu'ici nous nous sommes préoccupés exclusivement de la compensation dans les actions de bonne
foi, et les actions de droit strict. Mais en dehors de
ces deux catégories d'actions, on sait qu'il en existe
deux autres, les actions personnelles arbitraires, et les
actions réelles qui sont toutes arbitraires.

La compensation est-elle restée étrangère aux actions arbitraires ?

Dans la loi 14 au code, l. 4, t. 31 et le parag. 30
des Institutes, l. 4, t. 6, Justinien manifeste claire-
ment l'intention d'innover, en autorisant la compensation dans les actions *in rem* : *compensationes ex omnibus actionibus ipso jure fieri sancimus, nulla differen-*

*tia in rem vel personalibus actionibus inter se obser-
vanda.* A moins d'enlever à ce texte toute signification, on est forcé d'admettre que la compensation
n'était pas permise avant Justinien, sauf ce que nous
dirons tout à l'heure au sujet de la compensation *ex
eadem causa.*

Certains auteurs se fondent pour repousser cette
opinion sur le principe de la condamnation pécuniaire,
qui était en vigueur sous le système formulaire et devait rendre possible la compensation dans toutes les
catégories d'actions. Le caractère arbitraire des actions réelles, ajoutent les auteurs, n'était pas un obstacle absolu à la compensation. Sans doute si le défendeur exécute l'arbitrium par lequel le juge lui or-
donne de satisfaire le demandeur, la compensation ne
peut pas se concevoir ; mais s'il se refuse à donner
satisfaction et se rend ainsi passible de condamnation,
pourquoi ne lui serait-il pas permis d'invoquer la
créance qu'il possède contre son adversaire ?

Nous n'avons pas à discuter si le défendeur était libre ou non d'exécuter l'*arbitrium*, mais de ce que la
compensation dans les actions réelles n'aurait pas été
en contradiction avec les principes de la procédure
formulaire, il n'en résulte pas qu'elle ait été admise
avant l'innovation de Justinien. On ne saurait citer
aucun texte de Gaius ou des jurisconsultes de l'épo-

que classique, où il en soit fait mention. Les auteurs font remarquer, avec raison, que l'exception de dol qui seule aurait pu donner au juge le droit de compenser, serait ici sans fondement : Vous avez usurpé un fonds dont je suis propriétaire, et que je vous réclame. Quel dol peut-il y avoir de ma part, à réclamer un bien qui m'appartient, alors même que je me trouve votre débiteur ?

Mais faut-il aller plus loin et dire que la compensation même *ex eadem causa* n'était pas connue dans les actions *in rem* ? Le défendeur qui a une créance à l'occasion de la chose réclamée par le demandeur, ne peut-il l'invoquer dans la même instance, et obtenir une réduction de sa condamnation ? Tous les interprètes sont d'accord sur la solution qui est imposée par les textes les plus formels ; mais la plupart contestent que l'opération du juge, en cette circonstance, puisse prendre le nom de compensation.

La loi 48 au Dig. l. 6, t. 1, autorise formellement la compensation entre les dépenses faites par le défendeur et les fruits recueillis avant la *litis contestatio*.

Une loi que nous avons déjà citée, la loi 38 au même titre, nous montre que l'objet de l'action pouvait entrer en compensation : il s'opérait une translation de propriété, et le défendeur était condamné à payer la valeur du fonds, diminuée de la plus-value dont il était créancier : « *nisi reddit quantum prima parte reddi oportere diximus, eo deducto, tu condemnandus es* » Le droit de rétention s'exerce donc, au cas où le revendiquant n'a pas désintéressé le défendeur, par une véritable compensation entre la valeur du fonds et la créance qui existe au profit du défendeur. On peut dire que, dans les actions réelles, la compensation est admise au moins quant aux prestations personnelles qui les accompagnent.

Beaucoup d'auteurs soutiennent qu'il ne s'agit pas ici d'une compensation ; les parties n'ayant entre elles aucun rapport de créance, le juge a simplement mission de faire un règlement équitable entre deux personnes, dont l'une est propriétaire du fonds amélioré par l'autre.

S'il est vrai qu'avant l'instance, le propriétaire n'est ni créancier ni débiteur du possesseur, du moins les deux parties deviennent créancières et débitrices l'une de l'autre, dès l'instant de la *litis contestatio*. La mission du juge est ici la même que dans les actions de bonne foi : régler *ex æquo et bono* les rapports établis entre deux personnes au sujet d'une même affaire ; faut-il en conclure que la compensation est étrangère aux actions de bonne foi?

Quant aux actions personnelles arbitraires telles que l'action de *eo quod certo loco*, pour soutenir que la compensation y était admise, on invoque souvent à tort la loi 15, au Dig. l. 16, T. 2. Il est question, dans cette loi, de compensation invoquée du chef d'une action arbitraire, et non contre une action arbitraire. Aucun texte, ni de l'époque classique ni de Justinien, ne laisse supposer qu'une exception ait été faite pour ces sortes d'actions. Nous préférons admettre que la compensation y fonctionnait suivant le droit commun.

## SECTION V

### Conditions requises pour que la compensation puisse avoir lieu.

Nous examinerons d'abord entre quelles personnes, puis entre quelles créances, la compensation a lieu.

I. — *Entre quelles personnes la compensation a lieu.*

En principe, le défendeur ne peut invoquer en compensation que sa créance personnelle : « *Creditor compensare non cogitur quod alii quam debitori suo debet ; quamvis creditor ejus pro eo qui convenitur ob debitum proprium velit compensare*[1]. » Ainsi, le consentement du tiers créancier serait insuffisant pour vali-

[1] Loi 18, parag. 1. Dig. l. 16, t. 2.

der la compensation. Un tiers peut, au contraire, valablement payer la dette d'autrui sans la volonté du créancier, c'est que le paiement est plus utile au créancier que la compensation.

Mais du moins, le défendeur constitué *procurator in rem suam* aura-t-il le droit de compenser? Papinien nous dit : « *In rem suam procurator datus, post litis contestationem si vice mutua conveniatur, æquitate compensationis utetur*[1]. » Le droit de compenser existe-t-il avant la *litis contestatio*? Cujas l'a soutenu en se fondant sur ce que le *procurator* avait droit à une action utile, même en cas de révocation antérieure à la *litis contestatio*, Papinien aurait eu en vue l'hypothèse la plus douteuse, où le procès étant déjà engagé et l'issue en paraissant incertaine, la partie adverse aurait prétendu que la compensation ne pouvait être admise.

La créance opposée ou compensation doit être également personnelle au demandeur.

Parmi les conséquences très-nombreuses de ce principe, citons les suivantes: Le tuteur, agissant au nom de son pupille, ne peut se voir opposer en compensation une dette qui lui est personnelle ; et réciproquement, s'il agit en son propre nom on ne pourra lui opposer une dette du pupille : « *Id, quod pupillorum*

[1] Loi 18, pr. Dig. l. 16, t. 2.

*nomine debetur, si tutor petat, non posse compen-*
*sationem objici ejus pecuniæ, quam ipse tutor suo*
*nomine adversario debet*[1]. »

Un héritier ne pourra non plus se voir opposer en compensation, la dette du défunt que pour sa part héréditaire.

Quelques exceptions, utiles à noter, sont faites au principe. C'est ainsi que le fidéjusseur, en réalité débiteur pour autrui, peut opposer à la fois, les créances nées à son profit personnel et celles qui appartiennent au débiteur principal : « *Si quid a fidejussore petatur, æquissimum est, eligere fidejussorem, quo ipsi, an quod reo debetur, compensare malit : sed et, si utrumque velit compensare, audiendus est*[2] : »

Il résulte a *contrario* de la loi 10, Dig. 1. 45, t. 2, qu'au cas de société le *coreus* peut invoquer la créance de son co-obligé. D'après M. Demangeat, les débiteurs *in solidum* ayant toujours entre eux une action de recours, peuvent invoquer la compensation du chef les uns des autres, qu'ils soient ou non *socii.*

Une dernière exception indiquée par Paul : Au point de vue de la compensation, le maître et l'esclave, le père et le fils de famille sont traités comme s'ils ne formaient qu'une seule personne. Le fils et

[1] Loi 23, Dig. 1. 16, t. 2.
[2] Loi 5, Dig. 1. 16, t. 2.

l'esclave peuvent, quand on les poursuit, opposer en compensation la créance du père ou du maître ; de même sur l'action du père, le tiers peut opposer ce qui est dû par le fils ; selon la remarque de Paul, le tiers conserve ainsi toute sa créance par le moyen de la compensation, tandis qu'en agissant directement, il n'aurait été payé que jusqu'à concurrence du pécule :
« *Si agat dominus vel pater, solidum per compensationem servamus ; quamvis si ageremus, duntaxat de peculio præsterætur*[1]. »

II. — *Conditions relatives à la qualité des créances.*

La créance du défendeur contre le demandeur ne peut être admise en compensation que si elle réunit certaines conditions. En principe, toute créance susceptible d'être demandée en justice peut entrer en compensation, sauf celles qu'une exception péremptoire rend inefficaces. « *Quæcumque per exceptionem perimi possunt, in compensationem non veniunt*[2]. »

La créance doit être exigible, le terme, nous dit Ulpien, empêche la compensation : « *Quod in diem debitur non compensabitur, antequam dies venit, quamquam dari oporteat*[3]. » Mais le simple terme de grâce ne fait pas obstacle à la compensation. Papinien nous

---

[1] Loi 9, Dig. l. 16, t. 2.
[2] Loi 14, Dig. l. 16, t. 2.
[3] Loi 7, pr. Dig. l. 16, t. 2.

dit : « *Aliud est enim diem obligationis non venisse, aliud humanitatis gratia tempus indulgeri solutionis*[1] »

Une dette soumise à une condition suspensive ne peut évidemment pas être opposée en compensation, puisqu'elle ne devient exigible qu'à l'arrivée de la condition.

— On discute si la fongibilité des deux créances était nécessaire. Il est à remarquer qu'aucun texte ne fait allusion à cette condition; elle serait d'ailleurs en contradiction avec le principe de la condamnation pécuniaire, et ce fait déjà signalé, que les romains considéraient beaucoup plus, dans leurs rapports juridiques, la valeur des choses que les choses elles-mêmes. En règle générale donc l'objet des créances importe peu ; le créancier d'une quantité pouvait se voir opposer en compensation une créance de corps certain et réciproquement. Nous avons déjà constaté que, par exception à la règle, le demandeur, dans une action de dépôt, avait droit à l'objet même de sa créance sans que le dépositaire pût invoquer aucune compensation: « *rei ipsa reddenda est* » Il a fallu un texte pour consacrer cette dérogation.

— La créance invoquée en compensation doit-elle être liquide?

---

[1] Loi 16, parag. 1, Dig. l. 16, t. 2.

Une créance est liquide en droit romain quand son existence et son étendue sont ou certaines ou faciles à vérifier ; c'est du moins cette liquidité que Justinien déclare nécessaire dans la loi 14 au Code, l. 4, t. 31. Ici encore, les interprètes se sont demandé si Justinien avait innové ou simplement confirmé d'anciens principes. On a coutume d'invoquer les lois 22 *de Comp.* et 3 de *tutelæ et rationibus*, pour établir l'origine de la liquidité sous le système formulaire.

La première loi nous semble étrangère à la question. Elle suppose le défendeur créancier sous une alternative et l'oblige à faire un choix, le juge ne pouvant opérer la compensation sans connaître l'objet de la créance.

Il est certain que l'*argentarius* n'avait à compenser que les dettes liquides, ou plutôt même celles dont l'existence et l'étendue étaient à l'avance déterminées.

Dans les actions de bonne foi, le juge chargé de terminer le litige *ex æquo et bono* devait pouvoir apprécier si la créance du défendeur était assez liquide pour qu'il en tînt compte. Telle nous paraît être la portée de la loi 9, *de tutulæ et rationibus* : Un tuteur poursuivi en reddition de compte se trouve créancier d'une somme dont le montant n'est facile à déterminer et qui va rester étrangère à l'instance ; afin qu'on ne puisse plus tard lui objecter qu'il a dû faire valoir sa créance et la déduire de ce qu'il devait au pupille, il astreindra ses adversaires à « *cavere quod eo nomine ei absit.* »

Dans les actions de droit strict, nous pensons que le juge avait le même pouvoir d'appréciation. Comme le dit Zimmern, « l'équité devait poser des limites aux répétitions du défendeur ; aller jusqu'à admettre ses prétentions quand, par leurs complications, elles devaient tendre à retarder par trop l'exercice d'un droit liquide, c'eût été mettre le pied sur le terrain de l'iniquité. »

La loi 7, p. 1, Dig. l. 16, t. 2, par ces mots : « *si rationem compensationis judex non habuerit* » indique bien que le juge pouvait à son gré admettre la compensation, ou la rejeter parce que la créance n'était pas suffisamment liquide.

—Peut-on invoquer en compensation une obligation naturelle ? La question serait douteuse, l'obligation naturelle ne pouvant faire l'objet d'une demande en justice, mais un texte d'Ulpien autorise formellement cette compensation : « *Etiam quod debetur natura, venit in compensationem* [1]. »

Les anciens auteurs, Vinnius entre autres, donnaient pour fondement à cette solution le principe que l'obligation naturelle acquittée, même par erreur, ne peut

[1] Loi 6 au Dig. l. 16, t. 2.

être répétée : La compensation opérant *ipso jure* le débiteur était censé acquitter la dette civile, en même temps que l'autre partie acquittait sa dette naturelle.

Mais contrairement aux théories de nos anciens jurisconsultes, la compensation à Rome n'a jamais été légale ; il vaut mieux dire que la compensation ayant pour fondement l'équité, il a paru équitable d'admettre en compensation les obligations même simplement naturelles.

Toutes les obligations naturelles sont-elles indistinctement susceptibles d'entrer en compensation ? Les auteurs admettent qu'il y a lieu de faire une distinction. M. Machelard dit, à propos du texte d'Ulpien, «... cette proposition ... signifie assurément, non pas que la compensation est recevable, toutes les fois qu'il y a obligation naturelle, mais uniquement qu'il *peut* y avoir lieu à invoquer une obligation naturelle par voie de compensation [1]. »

Il nous semble qu'on peut utilement distinguer les obligations naturelles en deux catégories fondées sur l'idée qui les a fait admettre :

Le législateur romain n'accorde pas d'action pour l'exécution forcée de toutes les dettes, le nombre des actions est strictement limité ; par exemple, le législateur n'a pas voulu intervenir dans les obligations exis-

[1] Obligations naturelles en Droit romain, page 90.

tant entre personnes d'une même famille, ou encore n'a pas voulu sanctionner les obligations ayant pour origine une simple convention : « *de pacto actio non oritur.* » Ce côté arbitraire du droit romain donne naissance à une première catégorie d'obligations naturelles, telles que les obligations nées entre père et fils de famille, maître et esclave, ou nées d'un pacte nu : ces obligations naturelles ne sont pas munies d'actions, mais peuvent produire tous les autres effets qui résultent d'une obligation civile, peuvent, par exemple, être invoquées par voie d'exception et entrer en compensation.

Il arrive d'autre part que le législateur refuse de sanctionner une obligation, parce qu'il veut protéger le débiteur, le plus souvent en vertu d'une présomption d'incapacité. Nous sommes en présence d'une deuxième catégorie d'obligations naturelles ; le débiteur peut exécuter volontairement sa dette ; mais le créancier n'a aucun moyen de contrainte et ne peut même pas faire valoir sa créance *exceptionis ope*, par voie de compensation.

Un pupille contracte sans autorisation de son tuteur, de façon à se constituer débiteur. S'est-il enrichi, dans la mesure de son enrichissement, il est obligé civilement ; n'a-t-il retiré du contrat aucun profit, il est tenu d'une simple obligation naturelle qui ne

peut produire que des effets volontaires. — De même
la femme, qui s'est engagée contrairement au Sénatus
consulte Velléien, est tenue d'une obligation simplement naturelle, non susceptible d'être invoquée en
compensation.

Cette deuxième règle générale comporte une exception : il faut distinguer la compensation entre obligations nées *ex eadem causa*, et la compensation entre créances nées de causes diverses ; la compensation
sera admise entre deux créances nées d'une même
cause, alors même, que l'une d'elles est simplement
naturelle : Un pupille a sans autorisation géré les biens
d'un absent et fait des dépenses. Il n'est pas respon-
sable des fautes de sa gestion, mais s'il agit en remboursement des dépenses faites, la compensation sera
possible avec les indemnitées dues par lui [1]. « *Agendo,
compensationem ejus quod gessit patitur.* »

## SECTION V

### Comment s'opère la compensation.

La compensation opérait-elle à Rome par le seul effet
de la loi, et en dehors de toute intervention de l'autorité judiciaire, ou devait-elle être prononcée par le
juge pour produire ses effets, soit dans le passé, soit

[1] Loi 3, parag. 4, Dig. l. 3, t. 5.

dans l'avenir ? En un mot la compensation était-elle légale ou judiciaire ? Les auteurs de l'ancien droit, se fondant sur les mots *ipso jure* que l'on trouve dans un certain nombre de textes, soit de Justinién soit de l'époque classique, ont soutenu qu'à Rome la compensation était légale, et que si le juge intervenait, c'était simplement pour constater la compensation accomplie, comme il aurait constaté un paiement ou une novation : cette théorie a été cause de l'établissement de la compensation légale dans l'ancien droit, puis dans le Code Civil ; elle est en contradiction avec l'esprit du droit romain. Nous avons eu déjà l'occasion de remarquer que si la compensation opérait par le seul fait de la loi, elle constituerait un mode d'extinction des obligations, et loin de lui attribuer ce caractère, les jurisconsultes, et en particulier Gaius et Justinien, la signalent comme un moyen de procédure et n'en parlent jamais qu'à propos des actions.

Examinons les textes sur lesquels se fondent les anciens auteurs, en nous limitant aux textes de l'époque classique ; nous réservons pour un autre chapitre les changements qu'a pu subir la compensation, sous la procédure extraordinaire et la législation de Justinien.

Cette doctrine s'appuie sur les textes suivants : le parag. 3, des sentences de Paul : [1] « *si totum petat, plus pe-*

______
[1] L. 2, t. 5, parag. 3.

*tendo cadis,* » la plus pétition impliquant l'extinction préalable de la créance compensée ;

La loi 10, parag. 1, Dig. 16, 2, d'Ulpien, « *si quis igitur compensare potens, solverit, condicere poterit quasi indebito soluto* » c'est donc que la dette acquittée était éteinte par compensation ;

La loi 11, au même titre et du même jurisconsulte, rapportant une constitution de Septime Sévère, d'après laquelle le cours des intérêts était suspendu à partir de la coexistence des deux dettes.

Enfin, les lois 4 et 21, h. t., déclarant que la compensation s'accomplit *ipso jure.*

Ces textes ne sont pas concluants. Nous avons déjà démontré que le texte des sentences de Paul a trait à l'*argentarius,* il en devait être de même des lois 4 et 21, qui parlent de plus *petitio :* on sait que cette déchéance était spéciale à la compensation de l'*argentarius,* Justinien aura supprimé la mention relative à l'*argentarius* et introduit les mots *ipso jure,* ou si on admet que ces mots figuraient dans le texte primitif, ils devaient être employés par opposition à *exceptionis ope.* Restent les premiers mots de la loi 21. M. Desjardins suppose que l'obligation de compenser spéciale à l'*argentarius* a été introduite par la jurisprudence, d'où les mots « *postquam placuit inter omnes.* »

La cessation du cours des intérêts, à partir de la coexistence des deux dettes, trouve son explication dans notre système aussi bien que dans l'autre ; elle n'est que le développement du principe d'équité qui a fait admettre la compensation.

Le défendeur qui acquitte sa dette sans opposer la compensation peut recourir à la *condictio indebiti*. Mais cette solution ne contredit en rien le caractère judiciaire de la compensation : la *condictio indebiti* est accordée à tous ceux qui ont payé, pouvant se défendre par une exception perpétuelle; or, la compensation rentre évidemment dans la classe des exceptions perpétuelles. L'objection trouve une autre réponse dans la loi 13 au cod. l.4, t. 31, qui accorde au défendeur le droit d'exercer son ancienne créance ; c'est donc qu'elle n'a pas été éteinte par la compensation. Citons encore la loi 7, parag. 1, Dig. l. 16, t. 2 : « *Si terminate compensationis judex non habuerit salva manet petitio* ».

D'autres textes nous donnent des solutions qui ne pourraient s'expliquer avec le système de la compensation légale. Ainsi nous savons qu'un *coreus non socius* ne saurait invoquer une compensation du chef de son *coreus :* cette règlene pourrait évidemment se concevoir si les deux dettes avaient été éteintes *ipso facto*, dès l'instant où elles ont coexisté.

De même si la compensation était légale, elle ne serait possible qu'entre deux dettes, ayant pour objet des choses fongibles, nous avons établi qu'elle pouvait avoir lieu même entre créance de corps certains.

Cependant les interprètes ont soin de signaler un cas exceptionnel de compensation légale dans la loi 10 pr. Dig. l. 16, t. 2.

## SECTION VI

### Effets de la compensation.

Résumons les effets de la compensation. Nous venons de démontrer qu'au moins sous le système formulaire la compensation ne résulte pas de la simple coexistence des deux dettes ; c'est le juge qui prononce l'extinction des créances jusqu'à concurrence de la plus faible. Si donc la créance du défendeur n'a pas été invoquée, ou si le juge ne l'a pas admise en compensation, pour défaut de liquidité par exemple, elle continue à exister dans toute son intégrité ; le défendeur conserve le droit d'exercer son ancienne action « *Salva manet petitio* ». Il en sera autrement si le juge, après examen de la créance, l'a rejetée comme mal fondée ; l'exception de chose jugée rendrait inefficace toute nouvelle action ; « *aliud dicam, si reprobavit pensatio-*

*nem, quasi non existente debito, tunc enim rei judi-catæ mihi nocebit exceptio.* » [1]. Rappelons que le débiteur ayant payé sans invoquer la compensation aura le choix entre son ancienne créance et la *condiction indebiti*.

Bien que la compensation ne fût pas légale, nous avons vu qu'elle avait pour résultat de faire cesser le cours des intérêts du jour de la coexistence des deux dettes ; en vertu d'une constitution de Septime Sévère, cette décision s'applique lors même que le taux des deux dettes est différent, ou que l'une d'elle ne produit pas d'intérêt.

Les accessoires de la créance, tels que droits de gage ou hypothèque, s'éteignent avec elle, mais on discute sur l'effet rétroactif de l'extinction des gages. Les mots « *non enim interesse, solverit an pensaverit* [2]» , ont été invoqués à l'appui de la rétroactivité dont le seul intérêt est celui-ci : si le débiteur a dérobé l'objet du gage depuis la coexistence des deux dettes, la compensation ayant été prononcée, pourra-t-il être poursuivi pour *furtum?*

Les fidéjusseurs sont libérés par l'effet de la compensation ; tous les co-obligés le sont également, même les *corei debendi* non associés.

[1] Loi 7, parag. 1, Dig. l. 16, t. 2.
[2] Loi 4, Dig. l. 20, t. 4.

# CHAPITRE III

## PROCÉDURE EXTRAORDINAIRE. — INNOVATIONS DE JUSTINIEN

La procédure formulaire sous laquelle nous venons d'examiner les diverses phases de la compensation disparut à la fin du iii° siècle. La procédure extraordinaire jusqu'alors exceptionnelle devint le droit commun. Les magistrats jugèrent eux-mêmes le procès au lieu de les renvoyer à un *judex*, il y eut confusion entre le *jus* et le *judicium*, les condamnations cessèrent d'être forcément pécuniaires.

Ces différences avec la procédure antérieure ont fait naître deux questions :

L'exception de dol est-elle restée nécessaire dans les actions de droit strict? La question n'offre pas grand intérêt, puisque tout le monde est d'accord sur ce point que la compensation pouvait être invoquée après la *litis contestatio* jusqu'à la sentence du juge. Mais plusieurs auteurs maintiennent la nécessité d'invoquer la compensation à l'aide d'une procédure spéciale qui aurait différé des moyens de défense ordinaire, tels que le paiement. Cette opinion n'a aucun fondement, la disparition des exceptions a été une conséquence de la disparition des formules. Nous croyons qu'au point de vue de la compensation, le changement de procédure a eu pour conséquence l'assimilation des actions de droit strict aux actions de bonne foi.

La nouvelle procédure permettant au créancier d'obtenir l'objet même de son droit, la compensation, n'était-elle pas restreinte aux créances *ex pari specie*? « Si les objets dus différaient, il semble qu'il n'y avait de compensation possible qu'autant que les obligations des parties se résolvaient en des prestations d'argent[1]. » Aucun texte ne signale cette nouvelle condition de fongibilité ; comment admettre que Justinien par exemple dans ses Institutes ait passé sous silence un changement d'une telle importance ? Nous verrons bientôt que cet empereur introduit la compensation dans les actions *in rem*, d'une manière générale et non pas seulement dans les cas où le droit réel se convertirait en argent. Suivant la remarque de M. Desjardins, cette décision serait d'une étrange anomalie, si la compensation dans les actions personnelles supposait la fongibilité des objets[2].

— Les innovations de Justinien en notre matière se trouvent dans la loi 14 au Code l. 4, t. 31 : « *Compensa-*

---

[1] Lair p. 70. — [2] Desjardins p. 151.

*tionem ex omnibus actionibus ipso jure fieri sancimus nulla differentia in rem vel personalibus actionibus inter se observanda.* » Justinien autorise la compensation dans les actions *in rem*, sans restrictions, même *ex alia causa.* On a contesté la portée de cette innovation, en faisant remarquer que Justinien n'a pu sacrifier un droit réel à un droit personnel, et permettre qu'un demandeur fût exproprié parce qu'il avait une dette envers un possesseur. Les termes dont il s'est servi ne laissent place à aucun doute ; il s'exprime en termes formels aussi bien dans les Institutes que dans la constitution du Code : « *Ut actiones ipso jure minuant sive in rem, sive in personam, sive aliascumque.* » Le demandeur était d'ailleurs maître de prévenir les effets de la compensation en payant sa dette avant d'agir.

Il existe toutefois même sous Justinien plusieurs hypothèses où la compensation ne peut s'opérer :

La première exception est relative au dépôt, nous l'avons déjà rencontrée dans les sentences de Paul : « *Siquis vel pecunias, vel res quasdam per depositionis acceperit titulum, eas volenti ei qui deposuit, reddere illico modis omnibus compellatur ; nullamque compensationem vel deductionem, vel doli exceptionem opponat* [1]. » Cette exception tient au caractère de l'action de dépôt « *ubi abundare debet bona fides.* »

[1] Loi 11, Code l. 4, t. 34.

La deuxième exception a trait au propriétaire dépouillé par violence qui réclame sa propriété : « *possessionem autem alienam perperam occupantibus compensatio non datur* [1]. »

Enfin on a proposé une exception en matière de *commodat ;* elle est contredite par la loi 18, parag. 6, Dig. l. 13. t. 6.

Justinien a précisé la condition de liquidité, il exige que les créances invoquées en compensation soient liquides, ou du moins d'une liquidation prompte et facile ; il recommande au juge de se montrer sévère dans l'admission de la compensation, de ne pas retarder le paiement d'une créance certaine, par la discussion et l'évaluation d'une créance litigieuse.

La compensation a-t-elle changé de caractère sous Justinien ? Elle s'opère « *ipso jure.* » Faut-il en conclure qu'elle est devenue légale ? N'est-ce pas au moins l'interprétation de Théophile : « *Si habet quis adversum me actionem, sive strictam, sive bonæ fidei, de solidis decem, sed contra mihi debet solidos ter, ipso jure simul ac aliquid contra debetur, actio adversus me minuitur solidis tribus, ut haud amplius decem sed septem tantum solidos debeam ?* » Il faut reconnaître cependant que la compensation est restée judiciaire sous Justinien. Pour démontrer le caractère ju-

[1] Loi 14, §. 2, Code l. 4, t. 31.

diciaire de la compensation sous la procédure formulaire et extraordinaire, nous avons cité de nombreux textes dont les solutions ne pourraient se concilier avec la compensation légale. Or, Justinien s'est approprié tous ces textes, il les a insérés dans ses recueils et a, par suite, accepté le principe qui les domine.

Mais quelle explication donner des mots *ipso jure* ? Justinien a voulu dire simplement que le juge pouvait compenser, sans qu'il soit nécessaire d'opposer l'*exceptio doli*. Cette décision ne faisait d'ailleurs qu'exprimer un état de choses qui durait depuis la disparition des formules. Il est à croire que, dans l'esprit des rédacteurs, les mots *ipso jure* étaient loin d'avoir l'importance que les interprètes anciens et modernes se sont plus à leur donner. La portée essentielle de la phrase est toute entière dans l'admission de la compensation en matière d'actions réelles.

Quant au commentaire de Théophile, il s'attachait plutôt à l'action considérée dans son résultat qu'à la créance elle-même.

Une autre explication a été proposée par MM. de Vangerold, Demangeat, Lair : « Dès que les deux créances ont coexisté, dès que les parties ont été un seul instant réciproquement obligées, *simul ac aliquid contra debetur*, comme le dit Théophile, il y a droit acquis pour elles à ce que les deux créances s'imputent l'une sur l'autre. C'est là désormais un principe constant, un droit absolu qui ne dépend ni des circonstances, ni de la nature du contrat, ni de l'appréciation du juge. La compensation ne rentre plus seulement dans l'office du juge, en ce sens qu'il peut dans tous les cas en tenir compte ; il est tenu d'y avoir égard lorsque d'ailleurs les parties y ont évidemment droit, *jure aperto nituntur* [1]. »

Cette doctrine nous semble manquer de précision. On ne voit pas bien en quoi consiste ce droit acquis à la compensation. Si la compensation n'a pas lieu par le seul effet de la loi, chacune des parties n'a qu'une faculté éventuelle de l'opposer, si elle est poursuivie. Je suis débiteur de *Primus* ; j'acquiers ensuite deux créances successives contre lui, je le poursuis pour la seconde ; il pourra opposer la compensation, ce qui serait inadmissible, si j'avais un droit acquis à la compensation du jour où *Primus* est devenu mon débiteur.

[1] M. Lair, De la compensation, page 87.

# APPENDICE

## COMPENSATION OPPOSÉE AU FISC

En principe la compensation peut être opposée au fisc.

Cependant le débiteur d'une *statio* ou bureau d'administration ne peut opposer que ce qui lui est dû par la même *statio*.

On peut compter sept cas dans lesquels la compensation n'est pas opposable au fisc :

1° « *Ex Kalendariis* [1], » le fisc est créancier en vertu d'un prêt à intérêt ;

2° La créance du fisc est née « *ex vectigalibus vel tributis ;* »

3° « *Neque ex frumenti vel olei publici pecunia.* » Le *curator annonæ*, chargé des approvisionnements, et qui en profite pour se livrer à des spéculations coupables, n'a pas droit à la compensation ; au contraire un édile, simple magistrat municipal, chargé de distribuer des provisions au peuple, en a détourné une partie à son profit : il a droit à la compensation (Lois 17 et 20, Dig. l. 16, t. 2).

[1] Loi 3 au Code l. 4, t. 31.

4° « *Neque alimentorum.* » Il s'agit, d'après Doneau, d'administrateurs chargés par la cité de distribuer des aliments aux pauvres  et qui sont  devenus débiteurs envers la cité, par suite de leur mauvaise gestion.

5° « *Neque ejus qui sumptibus statutis servit.* » Dette d'argent destinée au  traitement des fonctionnaires.

6° « *Neque fideicommissi.* » Dette d'un fideicommis laissé à l'Etat.

7° Enfin la loi nous  présente une  dernière exception, en défendant la compensation contre le  prix  des choses achetées à l'Etat. Loi 46, parag. 5, Dig. l. 49, t. 14.

Ces  exceptions s'appliquaient sans doute  aux *civitates* et aux *municipes*.

# DE LA COMPENSATION
## DANS L'ANCIEN DROIT FRANÇAIS

L'histoire de la compensation dans l'ancien droit est des plus complexes, nous essaierons d'en présenter une rapide analyse.

On sait que les barbares, vainqueurs de la Gaule, n'imposèrent pas leur législation aux peuples vaincus et que ceux-ci furent admis à conserver la législation romaine. Nous possédons plusieurs recueils de lois romaines composées à l'usage des Gallo-Romains sur l'initiative des rois barbares : tel est le bréviaire d'Alaric appelé aussi *lex Romana Visigothorum,* qui date du vi⁰ siècle et contient des textes importants sur la compensation : entre autres ce texte de Paul que nous avons plusieurs fois rencontré et qui excepte de la compensation le cas du dépôt : « *In causa depositi compensatio locus non est, sed res ipsa reddenda est.* » De même les Gallo-Romains soumis aux Burgondes reçurent d'eux un Code, dit le Papien.

L'élément Gallo-Romain continua donc de pratiquer les institutions du droit romain et en particulier la compensation.

De leur côté les barbares étaient soumis à des lois personnelles ; ces lois à l'origine ne contiennent rien qui puisse se rattacher à la compensation.

Cette existence parallèle de plusieurs législations applicables dans un même pays, subsista jusqu'au IX<sup>e</sup> siècle. Peu à peu une fusion s'opéra entre les divers peuples et les lois, de personnelles, devinrent réelles ou territoriales. Le Nord qui avait plus directement subi l'influence germanique fut régi par des coutumes issues des lois barbares, le Midi plus pénétré de la civilisation romaine et moins atteint par l'invasion fut régi par le droit romain et devint le pays de droit écrit. Ce changement qui se fit insensiblement était opéré lors de l'édit de Piste, rendu en 804, et qui distingue les pays de droit coutumier au nord de la Loire, et les pays de droit écrit au sud de ce fleuve.

Nous étudierons successivement la compensation dans le droit romain, tel qu'il était interprété par nos anciens auteurs et dans le droit coutumier depuis la féodalité jusqu'à la fin du xviiie siècle : le droit canonique, qui forme pour ainsi dire une troisième législation à côté du droit romain et des coutumes et qui contribue pour une large part aux progrès de notre ancien droit, recevra aussi quelques développements.

Mais il nous faut ici placer quelques explications sur une pratique très-voisine de la compensation et qui a fini par se confondre avec elle, sur la reconvention appelée *mutua petitio* en droit romain. Nous avons pu sans inconvénient la négliger dans notre histoire de la compensation à Rome; mais elle est indispensable à l'intelligence de la compensation dans l'ancien droit et dans le droit actuel.

Nous avons jusqu'ici présenté la compensation comme un moyen de défense qui laisse à chaque partie son rôle dans le procès ; au contraire, par la reconvention le défendeur dans un procès devient demandeur à son tour, et réclame une condamnation à son profit : ce sera la ressource du défendeur dont la créance est supérieure à celle de son adversaire.

Or, le trait distinctif de l'ancien droit en notre matière a été de réduire les cas de compensation, au profit de la reconvention. Des conditions plus rigoureuses, soit à propos de la liquidité, soit à propos de la fongibilité ou de la connexité sont imposées au défendeur qui prétend faire valoir la compensation. Quand ces conditions ne sont pas réunies, la compensation est remplacée par la reconvention. Les cas de reconvention sont ainsi multipliés.

D'autre part dans les cas où il y a lieu à compensation, la tâche du juge qui se trouve en présence de créances liquides, fongibles, est particulièrement simplifiée. On pourrait trouver dans ce fait une des explications de la compensation légale : L'intervention du juge a perdu toute importance ; les jurisconsultes, s'imaginant d'ailleurs découvrir dans les textes romains le fondement d'une théorie nouvelle, ont été amenés à dire que la compensation s'opérait en dehors de cette intervention et que le juge a pour seule mission de la constater.

## Droit romain.

L'enseignement du droit romain fut donné avec un éclat tout particulier par deux grandes écoles de jurisconsultes, l'Ecole des Glossateurs et l'Ecole du XVI<sup>e</sup> siècle.

Les glossateurs discutèrent longuement sur la nature de la compensation. Devait-elle être prononcée par le juge, ou opérait-elle par le seul fait de la loi ?

La compensation légale était déjà soutenue par un petit nombre d'interprètes, mais la plupart professaient
que la compensation est l'œuvre du juge. Bartole exprime ainsi l'opinion générale : « *Quærit glossa,
utrum hoc sit verum quod compensatio fiat ipso jure,
absque aliquo facto hominis : Martinus dicit quod sic,
Joannes dicit quod non*, nisi opponatur. *Istam opinio-
nem Joannis tenet Dynus*, et est ipsa veritas [1]. »

La créance opposée en compensation doit être liquide ou facilement liquidable ; sur ce point certains
auteurs invoquent la loi 46 au Dig., l. 49. t. 14, pour
accorder au débiteur un délai de deux mois ; d'autres,
et c'est le plus grand nombre, sont d'avis qu'il faut
s'en rapporter à l'appréciation du juge.

Tous les interprètes sont d'accord pour exiger la
fongibilité des deux dettes.

Les glossateurs admettent la reconvention d'une
façon générale, sans distinguer s'il y avait ou non
connexité entre les demandes réciproques des parties
« *etiam in alia re potest fieri reconventio* [2]. »

Au XVIe siècle, Alciat et Cujas enseignent que la
compensation résulte de la simple coexistence des
deux dettes et les éteint par la seule force de la loi.
Cette doctrine ne fut pas admise sans opposition.

---

[1] Bartole, ad legem 4, Code, de Compens.
[2] Accurse, gloss. ad novellam, 96.

Doneau soutint la compensation judiciaire. Mais l'autorité de Cujas fit prévaloir la compensation légale qui, aux xvii⁰ et xviii⁰ siècles, rallia tous les esprits.

### Droit canonique.

Le droit canonique emprunta au droit romain l'usage de la compensation et de la reconvention, et le maintint au milieu même des pays coutumiers.

Les règles de la procédure ecclésiastique nous sont fournies presque exclusivement par les canonistes des xvii⁰ et xviii⁰ siècles.

Les canonistes ont fini comme les docteurs par assimiler la compensation au paiement. C'est dit le *Forum Ecclesiasticum* : « un mode tacite de paiement opérant *ipso jure*... de telle sorte que, bien que le défendeur oppose la compensation, et que le juge la déclare par sa sentence..., la loi seule, sans le fait de l'homme, balance la créance et la dette[1]. » Il n'est pas probable que le principe de la compensation légale ait été appliqué avant le xvi⁰ siècle.

La compensation suppose d'ailleurs la liquidité et la fongibilité des créances.

La compensation doit-elle être accordée au débiteur qui a juré de payer? C'est une des questions qui

___

[1] A Petro Leurenio, 2ᵉ édition, 1737, lib. iii tit. 2, de Solutionibus, q. 547.

ont été discutées avec le plus d'ardeur entre les canonistes et les jurisconsultes du droit civil. Les premiers, se fondant sur le caractère religieux et obligatoire du serment, refusaient le bénéfice de la compensation : « ce serment est *stricti juris*, dit Séraphin, et dans le doute il faut prononcer contre celui qui l'a prêté, à cause du péril de son âme [1]. » Les docteurs soutenaient l'opinion contraire : « Le serment, dit Dumoulin, reçoit toutes les conditions sous-entendues et limitations qui sont de la nature de l'acte à propos duquel il est prêté [2]. »

Quand les dettes ont pour objet des choses non fongibles, le droit canonique, à défaut de la compensation, autorise la rétention. Une personne peut ainsi retenir le corps certain qu'elle doit à un tiers, pour s'assurer le paiement d'une somme qui lui est due par ce tiers, pourvu que l'objet de cette rétention ne lui ait pas été confié à titre de dépôt : « Car il est permis à tout le monde de veiller à se rendre indemne. » Une école de canonistes paraît même autoriser le créancier à faire passer en sa possession ce qui est aux mains de son débiteur, pour être plus sûr d'obtenir satisfaction; c'est la compensation appelée *occulta* ou *injusta*.

Les canonistes comme les glossateurs admirent la

---

[1] Séraphin, Priv. juramenti n° 77.
[2] Dumoulin Tit. ii de Censive gl. 1. — in Verbo : au jour et lieu n° 28.

reconvention d'une façon générale et sans distinguer si elle était ou non connexe à la demande principale.

Pour former une reconvention, il faut avoir la capacité d'agir. Aussi l'excommunié a bien le droit de se défendre et d'invoquer la compensation ; mais il ne peut agir par la reconvention.

La doctrine du droit canonique sur le reconvention a fait naître de fréquents conflits entre la juridiction civile et la juridiction ecclésiastique. Outre les affaires purement spirituelles, l'Eglise s'était attribué la connaissance des causes où la religion se trouvait intéressée à un titre quelconque ; telles étaient les questions relatives au serment et au mariage. A cette compétence *ratione materiæ* était venue se joindre une compétence *ratione personæ* : les Tribunaux d'église devaient connaître toutes les causes où un clerc était défendeur. Or, l'Eglise prétendait user de la reconvention pour étendre les limites de sa compétence. D'après la doctrine canoniste les Tribunaux ecclésiastiques, saisis d'un procès, auraient été compétents, en vertu de la reconvention, pour statuer sur des actions civiles même contre les laïques ; par contre l'Eglise n'admettait pas qu'un Tribunal laïque pût juger par reconvention des causes qui relevaient d'elle, fût-ce même à raison de sa compétence *ratione persone*. C'est sur ce second point que la lutte fut particulièrement ardente, les canonistes abandonnant volontiers le premier point.

Le droit canonique appliquant les principes du droit romain refusait au dépositaire tout droit à la compensation ou à la reconvention.

### Droit féodal et coutumier.

Nous avons déjà signalé que les lois écrites et les capitulaires de l'époque franque ne contiennent rien qui soit relatif à la compensation ou à la reconvention.

Le droit féodal les proscrivit absolument.

La cause principale de cette prohibition était la patrimonialité des offices : les seigneurs avaient intérêt à empêcher une pratique qui eût diminué sensiblement le nombre des procès et par suite leurs revenus. M. Desjardins insiste sur une deuxième explication, qui serait la rigueur des principes de la procédure féodale. La compensation et la reconvention tendent plus ou moins directement à faire prononcer une condamnation; « or, pouvait-on admettre qu'un créancier eût le droit de faire condamner son débiteur sans avoir suivi les formalités établies par la coutume, sans avoir fait *semondre* son débiteur, sans l'avoir mis à même d'opposer ses défenses par devant le juge compétent, de produire ses *essoines et contremans*, en le privant des délais établis, soit pour l'instruction et la réponse, soit pour le jugement[1] ? » Quoi qu'il en soit, c'était un

[1] Desjardins p. 245.

adage dans le droit féodal que « compensation n'a point lieu en cour laye » et que, « une dette n'empêche pas l'autre. »

Le plus ancien texte que nous possédions sur ce point se trouve dans les Assises de Jérusalem.

Au XIIIe siècle, deux auteurs se sont occupés de notre sujet, Pierre de Fontaines et Philippe de Beaumanoir. Après avoir dit que la coutume de reconvention « ne quort pas en cort lale » Beaumanoir ajoute : « Mais de cheles qu'il meterait en se deffense, si comme s'il alligait paiement, ou il disoit avoir baillé aucune coze en aquit de la dette : de ce seroit li demanderes tenus à respondre [1]. » On s'est fondé sur ce texte pour soutenir que la reconvention était admise dès cette époque, quand elle constituait une défense contre l'action principale. Mais un examen attentif démontre que Beaumanoir n'autorise en aucune manière la reconvention. Il parle uniquement de paiement ou de dation en paiement ; il faut bien que le débiteur poursuivi puisse alléguer qu'il s'est acquitté de sa dette. Beaumanoir ne veut pas que ce simple moyen de défense soit assimilé à la reconvention.

Il semble que Beaumanoir soit en contradiction avec Pierre de Fontaines qui traduit ainsi la loi 22, D. l. 5, T. 1. « Cil qui n'est pas contreinz par droit

---

[1] Coutumes du Beauvoisis, ch. IX n° 47. —Edit. Beugnot t. 1 p. 176.

recevoir jugement en un leu, se il commence plet, il est contreinz de recevoir les demandes à cels qui vorront pleidoier contre lui, et doit être envoier à cel meisme juge. » Pierre de Fontaines ajoute : « Ce ne tient pas nostre usages, fors de la meismes cause dont plez est [1]. » La reconvention serait donc admise par les Tribunaux séculiers *ex eadem causa*. Nous croyons avec M. Desjardins que la décision de Pierre de Fontaines est conçue en termes trop généraux, et doit être restreinte aux défenses proprement dites, conformément à la doctrine de Beaumanoir. Le Conseil à un ami a été composé entre 1254 et 1270 : Pierre de Fontaines avait été bailli de Vermandois. Une coutume, rapportée par lui, n'aurait pu être ignorée de Beaumanoir qui composa son ouvrage en 1289, et qui avait rendu la justice dans le Beauvoisie, pays limitrophe du Vermandois. « Il est probable que Pierre de Fontaines, imbu des idées romaines et cherchant à les propager, voyait ou voulait faire voir une reconvention dans ce qui n'était qu'une défense [2]. »

Les deux auteurs ne parlent pas de la compensation ; mais il n'est pas douteux qu'elle était prohibée comme la reconvention.

---

[1] Conseil de Pierre de Fontaines, ch. XXIX, n° 5.
[2] Desjardins p. 254.

A partir du xiv° siècle, un changement s'opère len-
tement dans la législation des coutumes : « En cour
laye, compensation ha lieu, *liquidi ad liquidum* » dit
Jean Desmares, qui vivait sous Charles V et sous
Charles VI[1]. — « Reconvention n'a pas lieu en cour
laye, ne compensation, si ce n'est *de liquido ad liquidum*[2] » disent les coutumes notoires jugées au Châtelet
de Paris, de 1300 à 1387. La compensation de liquide
à liquide, était donc déjà admise au xiv° siècle, au
moins dans la prévôté de Paris.

Les textes sur la reconvention ne sont pas aussi
simples. L'art. 120 des coutumes notoires porte : « Reconvention n'a pas lieu en cour laye — car se deux
personnes doivent argent l'une à l'autre, pour diverses
causes, et l'un fait semondre l'autre pour estre paié,
le semoncé ne peut employer, par manière de reconvention, ce que l'autre lui doit. » On a conclu par
*a contrario* des mots « pour diverses causes » que la
reconvention était permise pour les demandes connexes.
Nous ne croyons pas devoir admettre cette interprétation. La coutume, après avoir défendu la reconvention, explique cette défense. La seconde partie du texte
ne renferme nullement une exception à la première,
d'ailleurs deux créances distinctes ont toujours une

[1] Décision, 136.
[2] C. not. art. 111.

cause différente, bien qu'elles soient nées à l'occasion d'un même fait juridique.

En résumé, à la fin du xiv<sup>e</sup> siècle, la reconvention était absolument prohibée, et la compensation admise de liquide à liquide.

Il nous faut attendre le xvi<sup>e</sup> siècle pour trouver de nouveaux renseignements dans les jurisconsultes.

Pendant le cours du xv<sup>e</sup> siècle la transformation préparée depuis un siècle s'achève, les résultats en sont fixés par la rédaction des coutumes. C'est au xvi<sup>e</sup> siècle qu'apparaît la pratique des lettres royaux. Les jurisconsultes et les Tribunaux ne firent plus aucune difficulté pour admettre la compensation ; mais les parties durent se munir de lettres royaux. Bien qu'il ne soit mentionné qu'au xvi<sup>e</sup> siècle, cet usage n'était-il pas beaucoup plus ancien, ou a-t-il été introduit pour sanctionner une pratique antérieurement établie et peut-être fournir à la royauté l'occasion de percevoir un droit ? La question est des plus douteuses.

L'art. 74 de la Coutume de Paris, dans la rédaction de 1510, est ainsi conçu : « Compensation n'a lieu, si ce n'est d'une dette claire et liquide, à une autre pareillement claire et liquide. » La tournure de la phrase n'est plus la même dans la rédaction de 1580 : « Compensation a lieu d'une dette claire et liquide à une autre pareillement claire et liquide et non autrement. »

La plupart des coutumes reproduisent les dispositions de la coutume de Paris. Les lettres royaux étaient exigés même dans ces coutumes. Quelques-unes proscrivent expressément la compensation ; mais les commentateurs nous apprennent qu'on était reçu « à .en purger la rigueur au moyen des lettres royaux. » D'autres coutumes ne font pas mention de la compensation ; nul doute que là encore la formalité des lettres royaux suffisait à la rendre possible.

L'art. 75 de la coutume de Paris fut interprété dans le sens de la compensation légale par la grande majorité des auteurs. Brodeau et Ferrières au xviie siècle, Domat et Pothier au xviiie, admettent sans réserve la doctrine de la compensation légale qui d'ailleurs était généralement appliquée. Pothier exprime ainsi son opinion : « Lorsqu'on dit que la compensation se fait de plein droit, *ipso jure*, cela signifie qu'elle se fait par la seule vertu de la loi, sans qu'elle ait été prononcée par le juge, ni même opposée par aucune des parties... je ne suis obligé d'opposer la compensation que pour instruire le juge que la compensation s'est faite, de même que lorsque quelqu'un me demande une dette que j'ai payée, je suis obligé pour instruire le juge d'opposer et de rapporter les quittances » [1].

L'usage des lettres royaux semble inconciliable

[1] Obligations, partie 3, ch. iv, parag. 3.

avec l'effet légal de la compensation. On peut dire avec Ferrière que les lettres étaient une simple formalité, « introduite pour l'utilité du sceau[1]; » mais l'objection subsiste pour les coutumes interdisant expressément la compensation, et où les lettres royaux avaient véritablement pour effet de rendre la compensation possible. D'ailleurs, l'usage de ces lettres diminua peu à peu ; il avait entièrement disparu à la fin de notre ancien droit.

Il nous resterait à examiner à. quelles conditions s'opérait la compensation dans l'ancien droit ; mais nous laisserons de côté cette étude qui entraînerait de trop longs développements. Ces conditions avaient, d'ailleurs, une ressemblance presque parfaite avec les conditions nécessaires pour la compensation dans le droit moderne.

— Quant à la Reconvention, l'art. 75 de la Coutume de Paris, dans la rédaction de 1510, reproduisait l'ancienne maxime. « Reconvention n'a lieu en cour laye. » Lors de la rédaction de 1580, on substitue à cet article le texte suivant : « Reconvention en cour laye n'a lieu si elle ne dépend de l'action, et que la demande en reconvention ne soit la défense contre l'action premièrement intentée, et en ce cas, le défendeur, par le moyen de ses défenses, se peut constituer demandeur. » (art. 106).

[1] Sur l'article 105.

L'art. 106 semble exiger deux conditions : que la reconvention dépende de l'action, c'est-à-dire qu'il y ait connexité entre les deux demandes — qu'elle soit la défense à l'action. La seconde condition peut exister sans la première ; il suffit de supposer que le défendeur, par exemple, invoque une créance *ex alia causa*, dont il demande la liquidation, et en général, qu'il intente une action de nature à faire tomber ou à restreindre la demande principale.

D'autres coutumes, comme celles d'Auvergne, du Bourbonnais, de Maux, rejetaient expressément la reconvention ; le plus grand nombre la passaient sous silence.

On discute pendant combien de temps les prohibitions de certaines coutumes et les restrictions des autres furent respectées par la pratique. Selon M. Lair, la doctrine et la jurisprudence ne tardèrent pas à abandonner la disposition de l'art. 106 ; la reconvention fut admise dans les trois cas suivants :

1° Toutes les fois qu'elle était connexe à la demande principale ;

2° Toutes les fois que sans être connexe à la demande principale, elle constituait une défense directe à cette action ;

3° Toutes les fois que, procédant *ex causa dispari*, elle tendait à une compensation.

On ne s'en tint pas là ; la reconvention fut admise indistinctement, sous la seule condition d'être équitable et de ne violer aucune loi.

M. Desjardins a combattu cette opinion. Il soutient, qu'en principe, l'art. 106 est toujours resté en vigueur ; une seule exception a été admise au profit du défendeur qui invoque une créance non susceptible de compensation, pour défaut de liquidité ou de fongibilité.

# DE LA COMPENSATION

## DANS LE DROIT FRANÇAIS MODERNE

Les rédacteurs du Code Civil continuant la doctrine de Domat et de Pothier ont regardé la compensation comme un mode d'extinction des obligations, ils en ont traité au chapitre même « De l'extinction des obligations. »

« Lorsque deux personnes, dit l'art. 1289, se trouvent débitrices l'une de l'autre, il s'opère entre elles une compensation qui éteint les deux dettes, de la manière et dans les cas ci-après exprimés. » Puis l'art. 1290 : « La compensation s'opère de plein droit, même à l'insu des débiteurs ; les deux dettes s'éteignent réciproquement, à l'instant où elles se trouvent exister à la fois, jusqu'à concurrence de leurs quotités respectives. »

Nous commencerons par étudier les articles que le Code Civil consacre à la compensation légale, puis nous examinerons si, en dehors de la compensation légale et des conditions exigées par le Code Civil, il n'existe pas d'autres cas de compensation.

# CHAPITRE PREMIER

## DE LA COMPENSATION LÉGALE

—

### SECTION PREMIÈRE

**Quelles sont les conditions requises pour que la compensation légale s'opère.**

Cinq conditions sont nécessaires pour que la compensation légale puisse s'opérer.

Il faut que les deux dettes aient pour objets des choses fongibles entre elles,

Qu'elles soient liquides,

Qu'elles soient exigibles,

Que chaque partie soit personnellement et principalement créancière et débitrice de l'autre.

Que les deux dettes soient par la nature de leur cause susceptibles d'entrer en compensation.

Ajoutons que la compensation ne peut avoir lieu au préjudice des droits acquis à des tiers.

### I. — *Les deux dettes doivent avoir pour objet des choses fongibles entre elles.*

Cette première condition de fongibilité est exigée par l'article 1291. « La compensation n'a lieu qu'entre deux dettes qui ont également pour objet une somme d'argent ou une certaine quantité de choses fongibles, de la même espèce. »

Les créances de choses fongibles s'opposent aux créances de corps certains. Ce n'est pas la nature des choses qui fait qu'elles sont ou ne sont pas fongibles, c'est l'intention des parties. L'objet d'une obligation est fongible si les parties l'ont considéré dans son genre, et si le débiteur peut se libérer en fournissant une quantité ou une chose quelconque de ce genre. Tous les auteurs signalent une confusion qu'il faut éviter, entre les choses fongibles et les choses qui se pèsent, se comptent et se mesurent ; ces choses peuvent être considérées dans les rapports des parties, comme corps, certains et cesser d'être fongibles. Au contraire, des choses qui ne se pèsent, ne se comptent et ne se mesurent, peuvent devenir fongibles ; on conçoit même la fongibilité des immeubles : une personne est débitrice de tant d'hectares, à prendre dans un pays déterminé, l'objet de l'obligation est fongible.

« Fongibles de même espèce ; » il ne suffit pas que

chaque obligation ait pour objet une chose fongible ;
il faut que les deux choses soient fongibles, l'une par
rapport à l'autre. Une pièce de vin de Bordeaux
qui formerait l'objet d'un prêt de consommation constituerait bien une chose fongible ; cependant elle ne
pourrait se compenser avec une pièce de vin de Bour-
gogne, également fongible, parce que ces deux pièces
de vin ne sont pas fongibles entre elles.

Cette première condition est une conséquence de
l'assimilation de la compensation au paiement : on sait
qu'un débiteur ne peut, contre le gré du créancier,
payer une chose pour une autre (art. 1243, C. C.) ; le
créancier ne pouvait être contraint de conserver en
paiement une chose autre que celle qui lui était
due.

Une dette alternative ne peut se compenser parce
que son objet est indéterminé. Dès que le débiteur ou
le créancier aura, par son choix, déterminé l'objet,
la compensation se fera ou ne se fera pas, selon
que l'objet sera ou non fongible avec l'objet de la
créance.

Que décider dans le cas d'une obligation facultative ?
L'objet de la dette est ici déterminé et peut se trouver fongible avec l'objet de la créance ; mais si la compensation s'opérait sans la volonté du débiteur, celui-
ci serait privé d'une faculté qu'il s'est réservée et qu'il

tient du contrat. Il nous semble que dans ce cas la compensation suppose une autre condition que celles prévues par le Code Civil, la volonté du débiteur. Nous sommes en dehors de la compensation légale, dans un des cas de compensation facultative que nous aurons à examiner dans la suite.

Les obligations de faire sont-elles susceptibles de compensation ? La question n'a pas été prévue par le législateur qui, au titre de la compensation, n'a songé qu'aux obligations de donner. Il nous semble plus juridique de refuser la compensation, chacune des parties pouvant avoir intérêt à ce que l'obligation soit exécutée par le débiteur lui-même.

— L'art. 1291 2ᵉ apporte une exception au principe posé par le premier paragraphe. « Les prestations en grains, ou denrées non contestées, dont le prix est réglé par les mercuriales, peuvent se compenser avec des sommes liquides et exigibles. »

Il ne faut pas conclure des mots « peuvent se compenser » que la compensation n'ait pas lieu par la force de la loi, et que les parties aient simplement la faculté de l'opposer. Ces mots signifient que par exception la différence d'objets des deux dettes n'empêche pas la compensation.

La raison de l'art. 1291 2ᵉ est la facilité avec laquelle on peut convertir en argent les denrées dont le prix se règle par mercuriales. Il importe peu au créancier d'une somme d'argent de conserver en paiement une quantité de denrées, et au créancier d'une quantité de denrées de conserver en paiement une somme d'argent.

L'exception de l'art. 1291 s'applique certainement aux redevances périodiques ; par exemple, un fermier qui doit acquitter son bail en denrées dont le prix est réglé par mercuriales, peut compenser sa dette avec une créance d'argent qu'il a contre son propriétaire. Mais l'exception ne s'étend-elle pas à toute dette de denrées, quelle qu'en soit l'origine ? On s'est fondé sur le sens habituel du mot prestation qui d'ordinaire désigne des échéances périodiques; pour soutenir qu'une dette quelconque de denrées serait en dehors des termes de l'article 1291. Mais le mot prestation a un sens étymologique beaucoup plus large, et peut s'appliquer à toute espèce de dettes. Nous pensons que le législateur l'a ici employé sans aucune idée de périodicité. Pour quelle raison le fermier serait-il traité autrement qu'un débiteur quelconque ? L'ancien droit, à qui les rédacteurs du Code Civil ont emprunté la disposition de l'art. 1291, ne l'avait nullement restreinte aux prestations périodiques.

Une autre controverse s'est élevée sur l'article 1291 2°. Le législateur a expressément prévu le cas de deux dettes ayant pour objet l'une des denrées, l'autre une somme d'argent. Que décider dans le cas où des denrées sont dues de part et d'autre ? Le principe, c'est qu'il n'y a de compensation légale qu'entre dettes de quantités de même nature ; la loi n'a fait d'exception au principe que pour un seul cas, celui où il s'agit de compenser une dette de denrées dont le prix est réglé par des mercuriales avec une créance de somme d'argent. Or, les exceptions sont de droit étroit, il n'est pas permis de les étendre.

Il est à peine besoin de remarquer que l'art. 1291, ne s'applique pas, quand l'une des deux dettes est la cause de l'autre. Primus achète à Secundus 50 hectolitres de blé livrables à terme, le jour de la livraison Secundus ne pourra évidemment prétendre que les deux obligations du vendeur et de l'acheteur sont compensées.

— L'art. 129 du C. de Pr. a soulevé une dernière difficulté sur cette condition de fongibilité. Il est ainsi conçu : « Les jugements qui condamneront à une restitution de fruits ordonneront qu'elle sera faite en nature pour la dernière année, et pour les années précédentes, suivant les mercuriales du marché le plus voisin, eu égard aux saisons et aux prix communs de l'année, sinon à dire d'experts à défaut de mercuriales. » MM. Toullier et Duranton décident, en vertu de cet article, que quand il y a lieu à restitution de fruits, la compensation n'est pas possible avec les fruits de la dernière année. M. Toullier prétend même appliquer cette disposition à tout débiteur de prestations périodiques, alors que le texte parle uniquement des restitutions de fruits [1]. Nous croyons que l'art. 129 est étranger à la compensation. Il prévoit l'hypothèse d'un possesseur tenu d'une restitution de fruits, et détermine l'étendue de sa dette. Le possesseur est présumé avoir consommé les fruits de la dernière année, et avoir conservé ceux des années antérieures : pour la dernière année il sera soumis à une dette de fruits, pour les autres années à une dette d'argent. Mais l'objet de sa dette ainsi déterminé, il pourra s'en acquitter par tous les moyens légaux ; la compensation sera possible pour la dernière année, si les fruits sont cotés aux mercuriales.

*II. — Les deux dettes doivent être liquides.*

L'art. 1291 exige en second lieu la liquidité des créances.

Une créance est liquide, lorsqu'il est certain qu'il est dû, et combien il est dû. C'est la définition donnée par Pothier et reproduite par Jaubert dans son rapport au Tribunat.

[1] Toullier tome VII n° 367. — Duranton tome XII n° 370.

Les auteurs font remarquer que la condition de liquidité est une inconséquence dans le système de la compensation légale. La compensation s'accomplit par la seule force de la loi, dès l'instant où les deux dettes ont coexisté: or, une dette n'en existe pas moins pour n'être pas liquide. La condition de liquidité se justifiait en droit romain sous la compensation judiciaire. Elle facilitait la tâche du juge et lui permettait d'écarter les demandes incertaines invoquées par le débiteur de mauvaise foi, pour retarder une condamnation imminente ; c'est pour cela que la constitution de Justinien se bornait à exiger une liquidité relative et admettait en compensation les créances facilement liquidables : « *non multis ambagibus innodata, sed possit judici facilem exitum sui præstare.* » On peut dire, pour justifier le Code Civil du reproche d'inconséquence, qu'aux yeux de la loi la compensation est un paiement fictif ; or, le paiement effectif d'une obligation non liquide est impossible. Mais à défaut de paiement, la compensation est possible, pourquoi ne pas la prononcer ?

On objectera peut-être que la condition de fongibilité est également une règle du paiement étendu à la compensation ; mais cette assimilation était commandée par une raison d'équité qui n'existe pas ici. En réalité, les rédacteurs du Code Civil ont fait un maladroit emprunt à la constitution de Justinien, et ont imposé une condition qui, logique dans la législation romaine, ne l'est pas dans la nôtre.

— La dette doit être certaine au point de vue de son existence. Il n'est pas nécessaire qu'elle soit reconnue par les deux parties ; le juge apprécie souverainement si la contestation est sérieuse, et enlève à la créance le caractère de liquidité. Une dette serait liquide lors même que la preuve de son existence ne serait pas actuellement produite, si elle pouvait l'être facilement et sans retard. En règle générale on peut dire qu'une créance n'est pas liquide quand elle ne peut être établie sans instruction : « Lors donc, dit M. Joubert, que la loi exige que les deux dettes soient également liquides, elle n'a entendu exclure que celles qui pouvaient donner lieu à des discussions. »

— Il n'est pas aussi facile d'indiquer quand une dette est liquide au point de vue de sa quotité. La dette qui dépendrait d'un règlement de compte ou d'une estimation ne serait pas liquide : les dettes résultant de la tutelle, de la gestion d'affaires, ne sont pas susceptibles de compensation tant que le compte n'est pas arrêté. De même les frais et honoraires d'un notaire ou d'un avoué, tant qu'ils n'ont pas été taxés, ne peuvent se compenser légalement avec les sommes dues au client par le notaire ou l'avoué. D'autre part est liquide la créance certaine dont le montant peut se déterminer par une simple opération arithmétique. Le juge a donc un pouvoir d'appréciation : il devra distinguer la créance dont la quotité dépend d'un pur calcul, et la créance dont la quotité dépend d'un compte sujet à discussion.

Mais la jurisprudence est allée beaucoup plus loin : elle décide que la compensation ne s'opère pas seulement de liquide à liquide ; mais encore avec ce qui peut être facilement liquidé. Le texte de la loi cependant est formel ; il exige que les dettes soient liquides et ne se contente pas d'une liquidation facile. Dans la discussion au conseil d'état l'assimilation aux dettes liquides des dettes facilement liquidables fut proposée par Malleville. Bigot de Préameneu la combattit comme un retour à la compensation judiciaire ; il fit valoir qu' « elle est conforme aux usages des pages de droit écrit, mais qu'il est difficile de la concilier avec le principe qui veut que la compensation s'opère de plein droit et à l'insu du débiteur. »

On admit seulement que le juge aurait la faculté d'accorder au débiteur un délai pour faire liquider sa créance et la compenser ensuite avec sa dette ; mais ce devait être un cas de compensation judiciaire datant du jugement qui la prononce.

Certains auteurs indiquent même que dans les rap-

ports du bailleur au preneur la jurisprudence admet
la compensation légale de créances non liquides ; ils
citent notamment un arrêt dela Cour de Cassation qui
autorise le preneur, créancier d'une indémnité, pour
privation de jouissance, à suspendre le paiement des
loyers échus jusqu'au règlement de l'indemnité[1].
Dans ce même cas, la Cour de Dijon décide que la ré-
siliation du bail ne peut être prononcée contre le preneur pour défaut de paiement du loyer, nonobstant la
stipulation que le bail serait résilié de plein droit si le
paiement n'avait lieu[2]. Mais dans l'un et l'autre arrêt
il est question des principes du louage et de leur application ; la compensation leur est absolument étrangère. « Il s'agit dans la cause, dit l'arrêt de Dijon, non
point de l'application des principes de la compensation entre deux dettes étrangères l'une à l'autre, suivant l'art. 1291 Code C. mais des obligations corréla-
tives d'un propriétaire et de son fermier en fait de bail,
à savoir l'obligation pour l'un de payer exactement ses
fermages, c'est-à-dire, le prix de sa jouissance et l'obligation pour l'autre de procurer et assurer cette jouissance, pleine, entière et continue... la régularité des
paiements et la régularité de la jouissance tenaient donc
essentiellement l'une à l'autre et l'autre, et là, où par une

---

[1] 29 novembre 1832, (J. du P. à sa date).
[2] 28 décembre 1857 (Dev. 58, 2, 411).

7

circonstance imprévue dont la cause et les conséquences sont encore incertaines, le cours régulier de la jouissance se trouve interrompu, il est de toute justice que les droits rigoureux du propriétaire restent aussi suspendus jusqu'à ce qu'il soit reconnu si l'interruption est de son fait ou de celui du preneur. »

### III. — *Les deux dettes doivent être exigibles.*

L'exigibilité est la troisième condition imposée par le Code civil.

Ne sont pas exigibles les droits éventuels : tel le droit résultant de l'acceptation d'une lettre de change, tant qu'il n'y a pas eu paiement par l'accepteur ; telle la créance en reprises de la femme, tant que la communauté n'est pas dissoute, ou que la séparation n'est pas prononcée.

Les obligations naturelles étant dépourvues d'action ne sont pas susceptibles de compensation ; telles sont, les obligations rendues inefficaces par l'autorité de la chose jugée, par le serment décisoire.

Les dettes contractées par un incapable et annulées par sa demande sont naturelles et par suite étrangères à la compensation ; mais il faut faire une exception déjà admise en droit romain, pour le cas ou les dettes à compenser dérivent de la même cause.

Bien que les dettes de jeu ne soient pas considérées comme dettes naturelles, elles ne sont pas exigibles et ne peuvent entrer en compensation, à l'exception bien entendu des dettes prévues par l'article 1966.

Les obligations qui peuvent être paralysées par une exception péremptoire doivent être traitées comme les obligations dépourvues d'actions. On ne peut dire d'elles qu'elles sont exigibles; c'est l'ancienne règle du droit romain : *quæcumque per exceptionem perimi possunt, in compensationem non veniunt*. Les obligations prescrites, par exemple, ne sont pas susceptibles de compensation. Il n'est pas exact de dire que la prescription n'opérant pas *ipso jure*, la dette existe tant que la prescription n'est pas opposée par le débiteur ; ou du moins si elle existe, c'est au même titre que l'obligation naturelle, c'est-à-dire par la volonté du débiteur, celui-ci n'ayant qu'à invoquer la prescription pour écarter son créancier.

La condition suspensive qui rend l'existence même de l'obligation incertaine est un obstacle à la compensation.

L'obligation soumise à une condition résolutoire est exigible, et susceptible de compensation. Mais la compensation n'est que provisoire jusqu'au moment où il sera devenu certain que la condition ne s'accomplira pas ; si la condition vient à s'accomplir, la compensation sera réputée n'avoir jamais eu lieu, et la partie dont la créance est pure et simple recouvrera son action.

Que décider pour les dettes annulables et rescindables ? L'annulation et la rescision sont à notre avis des conditions résolutoires d'une nature spéciale, plutôt que des exceptions préremptoires ; si le débiteur agit dans le délai utile et qu'il fasse prononcer l'annulation ou la récision, il n'y aura jamais eu de compensation, si au contraire il succombe, la compensation sera censée s'être opérée dès l'instant où les deux dettes ont coexisté.

Le terme retardant l'exigibilité de l'obligation est également un obstacle à la compensation.

La loi fait elle-même une exception pour le terme de grâce (art. 1292). Le débiteur, trouvant dans la compensation un moyen de se libérer, ne peut plus prétendre au terme de grâce.

— Une dette à terme peut devenir exigible par application de l'article 1188 du Code Civil, le débiteur étant tombé en faillite ou en déconfiture, ou ayant par son fait diminué les sûretés qu'il avait données par contrat à son créancier.

*Compensation en matière de faillite.* L'exigibilité résultant de la faillite ne peut entraîner de compensation. Dès l'instant où la dette non encore échue devient exigible, en vertu de la déclaration de faillite, le paiement ne peut plus avoir lieu. L'égalité entre les créanciers non privilégiés est la règle essentielle des opérations de la faillite ; ce serait ouvertement la méconnaître que permettre à certains créanciers de se payer intégralement par la compensation, tandis que les autres toucheraient un simple dividende.

On peut dire aussi que la dette du failli, en même temps qu'elle devient exigible, cesse d'être liquide ; à l'égard de la faillite, le créancier n'a droit qu'à un dividende et ce dividende est inconnu.

Le principe qui s'oppose à la compensation des dettes du failli devenues exigibles après la déclaration de faillite souffre une exception, pour le cas où les deux créances procèdent d'un même contrat : l'un des contractants ne peut forcer l'autre à exécuter s'il n'exécute pas lui-même. *Primus* a assuré moyennant une prime de 1000 fr. le navire de *Secundus; Primus* tombe en faillite, puis en vertu de l'assurance devient débiteur de 100000 fr : *Secundus* n'aurait droit qu'à un dividende de 200 fr.; on admet cependant que sa dette est compensée et qu'il n'aura pas de prime à payer.

Le principe s'applique sans distinction aux dettes commerciales ou non commerciales, les motifs qui empêchent la compensation s'appliquent aux unes comme aux autres.

L'article 446 du code de commerce suppose des actes faits depuis la cessation des paiements ou dans les dix jours qui précèdent, mais avant la déclaration de faillite. Il annule « tous paiements, soit en espèces, soit par transport, vente, compensation ou autrement, pour dettes non échues. »

Le failli *Primus* et *Secundus* sont débiteurs l'un envers l'autre ; mais la dette de *Primus* n'est pas échue ; les deux parties conviennent de supprimer le terme et de compenser ; c'est cette compensation conventionnelle que la loi suspecte et déclare nulle.

La créance peut d'ailleurs n'être échue que pendant la période suspecte ; elle se compense néanmoins avec la dette, à moins qu'elle ne puisse être annulée à un autre point de vue (article 447).

La doctrine que nous venons d'exposer n'est pas suivie dans toutes les législations. La loi des faillites de l'empire allemand, promulguée le 10 février 1877, contient sur la compensation en matière de faillite des dispositions très-remarquables :

Article 467. « La compensation n'est pas exclue par le fait, qu'à l'époque de l'ouverture de la faillite, les créances qui doivent servir à la compensation ou l'une d'elles dépendent encore d'un terme, ou d'une condition....

Une créance à terme sera calculée en ce qui concerne la compensation conformément à l'article 58[1].

S'il s'agit d'une créance dépendant d'une condition suspensive, le créancier dans le but d'opérer la compensation pourra demander une garantie.... »

L'exigibilité cesse d'être une condition, de même la fongibilité :

... « ou que celle du créancier n'a pas eu pour objet une somme d'argent » art. 47, parag. 1.

« Toute créance n'ayant pas pour objet une somme d'argent sera calculée, en ce qui concerne la compensation, conformément aux dispositions des articles 62 et 63. »

Ces dispositions sont les conséquences appliquées à la faillite d'une théorie sur la compensation très-répandue parmi les jurisconsultes allemands. La com-

---

[1] Art. 58. « Les créances à terme sont considérées comme échues. La créance à terme non productive d'intérêt sera réduite à la somme qui, augmentée de ses intérêts au taux légal courus depuis l'ouverture de la faillite jusqu'à l'échéance, égalera le montant intégral de la créance. »

Art. 62. « La production des créances qui n'ont pas pour objet une somme d'argent ou qui ont pour objet une somme d'argent indéterminée, incertaine, ou énoncée en monnaie autre que celle de l'Empire, aura lieu d'après leur valeur estimative en monnaie de l'Empire. »

Art. 63. « Les perceptions périodiques déterminées, tant à l'égard de leur montant qu'à l'égard de leur durée, seront capitalisées en additionnant les différents termes à payer et en déduisant les intérêts intermédiaires. Le total ne devra pas excéder le montant des perceptions capitalisées au taux de l'intérêt légal. »

pensation n'est pas un mode d'extinction des obligations, mais l'exercice d'un droit de rétention, droit absolu, sans condition, et qui ne peut être comparé au droit de rétention dans la législation française. Tout débiteur devenu créancier à un titre quelconque est admis à l'invoquer ; peu importe que sa créance ne soit pas actuellement exigible, que les objets des deux dettes ne soient pas fongibles entre eux.

L'article 48 de la même loi réserve le cas de fraude pour les créances nées pendant la période suspecte :

« La compensation ne peut avoir lieu dans la procédure de la faillite.

1° Si quelqu'un est devenu créancier du failli avant ou après l'ouverture de la faillite, et débiteur de la masse après cette ouverture,

2° Si quelqu'un était débiteur du failli avant l'ouverture de la faillite et devient son créancier après cette époque.

3° Si quelqu'un était débiteur du failli avant l'ouverture de la faillite et est devenu son créancier par un acte passé directement avec celui-ci, ou par l'effet d'une cession de droits ou du paiement d'un créancier, lorsqu'à l'époque de l'acquisition de sa créance, il a eu connaissance de la cessation de paiement du failli, ou de la demande en ouverture de la faillite. »

La loi autrichienne sur les faillites du 25 décembre

1868 contient des dispositions analogues à la loi allemande : art. 20. « Les créances qui, par suite d'une compensation opérée antérieurement à l'ouverture de la faillite, doivent être considérées comme légalement éteintes n'ont pas besoin d'être produites à la faillite. Il n'y aura pas d'obstacle à la compensation, dans ce fait qu'une des créances n'était pas exigible à l'époque de l'ouverture de la faillite. Le créancier doit cependant, si la créance n'est pas exigible, et si elle n'est pas productive d'intérêts, porter en déduction les intérêts légaux pour l'extinction anticipée de sa dette. » Article 21. « Si quelqu'un était débiteur du failli avant l'ouverture de la faillite, il n'y a pas lieu à compensation avec une créance sur le failli, lorsqu'elle est d'une date postérieure à l'ouverture de la faillite ou n'a été acquise par voie de cession par un tiers qu'après cette époque. »

— Quant à la déconfiture et à la circonstance que le débiteur a diminué les sûretés données au créancier, elles ont besoin d'être constatées par jugement ; c'est à partir de ce jugement qu'aura lieu la déchéance du terme et par suite la compensation.

Les rentes perpétuelles et viagères nous offrent une dernière application du principe de l'exigibilité; le crédit-rentier ne peut exiger le remboursement du capital ; poursuivi par le débiteur de la rente, il ne pourra opposer ce capital en compensation. Au contraire, les simples arrérages de la rente sont susceptibles de compensation, comme tout autre dette.

IV. — *Chaque partie doit être personnellement et principalement créancière et débitrice de l'autre.*

Aux termes de l'art. 1289, la compensation s'opère « lorsque deux personnes se trouvent débitrices l'une envers l'autre. »

La compensation ne peut se concevoir sans cette condition de réciprocité : ainsi la créance due au tuteur ne pourra se compenser avec une autre créance due au débiteur de la première obligation par le pupille. Ou encore il ne s'opère pas de compensation entre la créance due à une société commerciale et la dette dont un des associés se trouve tenu envers le débiteur de cette créance. La même solution doit s'appliquer aux sociétés civiles, si on leur reconnaît une personnalité distincte ; si au contraire la société n'est pas une personne morale, la compensation sera possible entre la dette personnelle de l'associé et sa part dans la créance sociale.

Mais il n'est pas suffisant que chaque partie soit personnellement débitrice de l'autre et l'article 1289 doit se compléter par les dispositions de l'article 1294.

La meilleure définition du principe qui nous occupe a été donnée par MM. Aubry et Rau : « Le créancier de l'une des obligations doit être débiteur personnel et principal de l'autre obligation, et réciproquement le créancier de celle-ci doit être débiteur personnel et principal de celle-là[1] ».

« La caution, nous dit l'article 1294, peut opposer la compensation de ce que le créancier doit au débiteur principal. » La question ne pouvait faire doute : la compensation qui s'opère entre le débiteur principal et le créancier libère la caution ; il est naturel que celle-ci puisse invoquer sa libération.

L'article 1294 ajoute : « Le débiteur principal ne peut opposer la compensation de ce que le créancier doit à la caution. » La caution sans doute est débitrice du créancier; mais sa dette est accessoire et suppose que le débiteur principal n'a pu remplir ses engagements. Le créancier avant de s'adresser à la caution doit poursuivre le débiteur principal et faire la discussion de son patrimoine ; or la caution serait indirectement contrainte au paiement, si la compensation s'opérait entre la dette cautionnée et sa propre créance contre le créancier. Après la discussion du débiteur principal, le créancier peut poursuivre la caution; mais la compensation ne s'opère pas davantage entre la créance de la caution et la dette

[1] Aubry et Ram. t. 4, § 326.

cautionnée ; car le débiteur principal reste tenu de la dette et la caution doit conserver toutes les chances de libération qui peuvent se produire au dehors d'un paiement effectué par elle.

D'ailleurs la caution, avant ou après la discussion du débiteur principal, peut sur la poursuite du créancier opposer en compensation ce que le créancier lui doit à elle-même, mais ce ne sera plus qu'un cas de compensation facultative . Cette compensation n'en opèrera pas moins l'extinction de la dette principale, et le débiteur lui-même pourra dans la suite s'en prévaloir.

Le troisième alinéa de l'article 1294 dispose que « le débiteur solidaire ne peut pareillement opposer la compensation de ce que le créancier doit à son codébiteur. » Cette disposition exceptionnelle fut introduite sur les observations du Tribunat. « Si l'on pouvait, disait le Tribunat, opposer la compensation de ce qui serait dû à un autre qu'à soi-même, quoique cet autre fut un codébiteur solidaire, ce serait donner lieu à des difficultés sans nombre ; il faudrait examiner contradictoirement avec lui si la dette existe, jusqu'à quel point elle existe, si elle est susceptible de compensation. »

Pothier, au n° 274 de son traité des obligations, donnait déjà cette solution, la fondant sur une fausse interprétation de la loi 10, au Dig. 1. 45, t. 2.

Ainsi la compensation ne s'opèrera, que si le créancier dirige son action contre celui des codébiteurs solidaires qui est en même temps son créancier. Cette règle est manifestement en contradiction avec les principes de la compensation légale. MM. Aubry et Rau font remarquer que les motifs donnés par le Tribunat, pourraient aussi bien s'appliquer à la caution invoquant la compensation du chef du débiteur principal. Mais la remarque elle-même peut se réfuter ; car la caution en s'immisçant dans les affaires du débiteur principal ne fait qu'exercer son bénéfice de discussions.

La meilleure justification de l'art. 1294 2ᵉ se tire des principes mêmes de la solidarité. Chacun des débiteurs solidaires peut être tenu de payer l'intégralité de la dette, chacun se trouve exposé à faire l'avance. Or, c'est le choix du créancier qui détermine quel débiteur doit supporter cette avance ; si le débiteur poursuivi pouvait opposer la compensation du chef d'un autre codébiteur, ce dernier supporterait injustement les charges de la solidarité.

Mais le codébiteur poursuivi ne peut-il pas du moins invoquer la compensation pour la part que doit supporter en définitive le codébiteur créancier ? Si nous remontons dans le passé, Domat admettait cette compensation partielle, Pothier la présentait comme contraire au principe, mais l'admettait en pratique, pour éviter, dit-il, « un circuit ».

Les partisans de cette opinion, invoquent aujourd'hui les deux arguments suivants : 1° les codébiteurs solidaires sont cautions les uns des autres pour tout ce qui dépasse la part de chacun d'eux ; en conséquence, le débiteur poursuivi peut invoquer la compensation pour la part qui incombe au codébiteur créancier, comme une caution pourrait le faire ; 2° la doctrine opposée aboutit à un circuit d'actions entre le créancier commun et le codébiteur poursuivi qui a payé l'intégralité de la dette ; ce dernier peut se retourner contre le créancier commun, exercer l'action de son propre débiteur, et se faire ainsi restituer la part du codébiteur dans la dette solidaire.

Ces raisons ne sont pas décisives. En cas de solidarité chacun des débiteurs est tenu de la dette entière comme s'il était seul ; il est vrai que les codébiteurs sont le plus souvent cautions les uns des autres, mais c'est uniquement dans leurs rapports entre eux : à l'égard du créancier ils sont tous codébiteurs principaux. Quant à l'objection relative au circuit d'actions, le législateur n'était pas tenu de s'y arrêter d'autant que le recours du débiteur poursuivi ne produira pas les mêmes effets que la compensation. Obliger le créancier commun à déduire la part du codébiteur solidaire, dont il est lui-même débiteur, ce serait accorder, au débiteur poursuivi, un privilège sur les autres créanciers de son codébiteur. D'ailleurs les motifs invoqués par le Tribunat ou tirés des principes de la solidarité s'opposent à la compensation partielle, aussi bien qu'à la compensation totale.

L'article 1294 3ᵉ doit s'appliquer dans toute sa généralité.

— On discute si la caution solidaire doit être traitée comme les autres cautions, ou comme le débiteur solidaire. Peut-elle opposer en compensation ce que le créancier doit au débiteur principal ? La plupart des auteurs admettent que la caution ne perd pas son caractère de caution, pour s'être obligée solidairement, et doit encore être régie par l'article 1294 1°. De plus, les raisons données par le Tribunat, à l'appui du 3ᵉ paragraphe de l'article 1294, sont relatives, non à l'intérêt du créancier commun, mais uniquement à l'intérêt du codébiteur créancier, et ne peuvent être opposées à une caution même solidaire. L'opinion contraire nous semble plus juridique. Nous avons reconnu que le droit d'invoquer la compensation du chef du débiteur principal était pour la caution une conséquence du bénéfice de discussion, or, ce bénéfice de discussion est enlevé à la caution solidaire par l'article 2021.

Si la caution solidaire reste caution au regard du débiteur, elle se trouve vis-à-vis du créancier dans la
même situation qu'un débiteur solidaire ; l'article 1294
*in fine* lui est applicable. C'est la décision formelle de
l'article 2021, « l'effet de son engagement, se règle
par les principes qui ont été établis pour les dettes solidaires. » L'article 1294 existe d'ailleurs en dehors
des considérations plus ou moins plausibles invoquées
par le Tribunat ; sa meilleure justification se trouve
dans les principes mêmes de la solidarité, principes
applicables à la caution solidaire en vertu de l'article 2021.

—Une dernière question se présente au point de vue
de la solidarité active : La compensation peut-elle être
opposée à un créancier solidaire du chef d'un autre
créancier solidaire ? Les principes, en matière de solidarité, nous fournissent la solution : le débiteur est
tenu d'une dette unique, et sa libération envers l'un
des créanciers solidaires le libère également vis-à-vis
des autres (art. 1197 et 1198 du Code Civil). Peu importe que la libération s'effectue par un paiement ou
une compensation. La disposition exceptionnelle de
l'article 1294 3ᵉ est uniquement relative à la solidarité
passive ; les motifs qui peuvent rationnellement la justifier sont sans application dans notre hypothèse.

— La compensation est impossible entre la dette

personnelle d'un mandataire et la créance qu'il est chargé de recouvrer. Elle se produit sans difficulté entre le mandant et le mandataire. Mais que décider lorsque le mandataire s'est substitué quelqu'un dans sa gestion ? Si le substitué ne connait pas le premier mandat, il se trouve lui-même mandataire du substituant ; c'est entre eux que s'opèrera la compensation ? Au contraire, si le substitué sait qu'il agit pour le compte du mandant, il n'est plus le débiteur du mandataire, mais du mandant ; c'est avec ce dernier qu'il compensera.

— Une des questions les plus importantes soulevées par le principe de la personnalité directe et principale des deux dettes, est celle de savoir si, au point de vue de la compensation, le mari et la femme ne font qu'une seule et même personne. Supposons d'abord la femme créancière de la personne dont son mari est débiteur.

Si les époux sont mariés sous le régime de la communauté légale, la créance de la femme et la dette du mari tombent également en communauté ; c'est la communauté ; qui se trouve à la fois débitrice et créancière ; la compensation s'opère sans difficulté.

Que décider sous les régimes exclusifs de communauté, par exemple le régime dotal ?

Notre ancien droit admettait en principe la compensation entre la dette du mari et la créance dotale de la femme ; mais la compensation était non avenue, si le mari se trouvait insolvable à la dissolution du mariage : le mari n'avait pas été libéré, et la créance de la femme renaissait. Aujourd'hui la question dépend des pouvoirs que l'on reconnait au mari sur la créance dotale.

Si on admet avec la jurisprudence que le mari a tous les droits d'un propriétaire, que les créanciers personnels du mari peuvent frapper les créances dotales de saisie-arrêt, la compensation devient naturellement possible. Le mari peut être contraint de payer sur les créances en question ; or, la compensation n'est qu'un paiement forcé. « En vain soutiendrait-on, dit la Cour de Caen, dans le dernier arrêt rendu sur la matière[1], qu'il n'y a pas là deux personnes débitrices l'une envers l'autre, parce que le mari étant le seul qui ait le droit de poursuivre le.recouvrement des deniers dotaux, le débiteur des deniersde la femme, est réellement son débiteur et non celui de la femme, à qui la loi ne donne aucune action. Ce n'est pas d'ailleurs comme mandataire de la femme que le mari a le droit de recevoir les deniers dotaux, mais en vertu d'un titre qui lui est propre, dont il est investi directement par la loi et qui le constitue créancier personnel de ceux qui en sont débiteurs. »

[1] 18 juillet 1854, (Sirey, 56, 2, 180.)

La question serait susceptible de très-longs développements. Bornons-nous à citer deux articles du Code Civil, d'après lesquels le mari est un administrateur muni de pouvoirs étendus : « Le mari seul, dit l'article 1549, a l'administration des biens dotaux pendant le mariage. Il a seul le droit d'en poursuivre les débiteurs et détenteurs, d'en percevoir les fruits et les intérêts et de recevoir le remboursement des capitaux. » Aux termes de l'article 1567 si la dot comprend des obligations ou constitutions de rentes qui ont péri ou souffert des retranchements sans la faute du mari, celui-ci n'est tenu que de restituer les titres de créances. Si la créance dotale avait cessé d'appartenir personnellement à la femme pour appartenir au mari, c'est lui qui aurait supporté la perte ou les retranchements.

La personnalité nécessaire à la compensation légale fait donc absolument défaut ; nous n'admettons ni la saisie-arrêt faite par un créancier du mari entre les mains d'un débiteur de la femme, ni la compensation dont se prévaudrait le débiteur de la femme, créancier du mari.

Mais à défaut de compensation légale, n'y a-t-il pas matière à compensation facultative de la part du mari ? Il a le droit d'exercer les actions dotales, de recevoir les capitaux et en disposer sans le concours de sa femme ; s'il n'est pas propriétaire des obligations actives, il est effectivement propriétaire des sommes payées. Après avoir exigé du débiteur le paiement d'une créance dotale, il peut lui remettre immédiatement la somme touchée, en acquittement de sa propre dette ; il n'y a donc pas de raison pour refuser au mari, quand son créancier le poursuivra, le droit d'opposer en compensation la créance que sa femme a contre le même créancier.

Mais il importe essentiellement de distinguer cette compensation purement facultative de la compensation légale reconnue par la jurisprudence. Si la compensation est légale, le débiteur de la femme peut s'en prévaloir, et la femme n'aura plus qu'un recours contre son mari, recours inutile en cas d'insolvabilité. Si la compensation est simplement facultative, le mari peut ne pas en user, poursuivre le débiteur de la femme, placer au nom de sa femme, et soustraire à ses propres créanciers le montant de la créance dotale.

Les intérêts de la dot appartenant au mari, la compensation s'opérera sans difficulté entre ces intérêts et la dette du mari.

La solution que nous venons de développer est encore moins douteuse sous le régime de la communauté réduite aux acquets, sous les régimes sans communauté et de séparation de biens ; car alors on ne discute plus que la femme conserve la propriété de ses créances.

Supposons maintenant le mari créancier de la personne dont la femme est débitrice. Sous le régime de la communauté légale, il y aura compensation dans tous les cas où la dette de la femme est tombée en communauté : si la dette est antérieure au mariage, dépend d'une succession échue à la femme pendant le mariage et acceptée du consentement du mari, ou provient d'une obligation contractée par la femme avec ce même consentement.

Il en sera de même toutes les fois que le mari sera tenu de répondre sur ses propres biens d'une dette de sa femme ; par exemple en cas de séparation de dettes, s'il n'a pas fait l'inventaire prescrit par l'article 1510.

— L'acceptation sous bénéfice d'inventaire évite la confusion entre les biens personnels de l'héritier et ceux de la succession : il ne saurait y avoir de compensation légale entre la créance de la succession sur un tiers et la dette de l'héritier envers ce tiers, ni réciproquement entre la créance de l'héritier et la dette de la succession. Mais si l'héritier renonce au bénéfice d'inventaire ou en est déchu, la compensation pourra s'opérer.

La distinction des patrimoines n'existant qu'en faveur de l'héritier, il peut y renoncer pour se prévaloir de la compensation ; mais le débiteur personnel de l'héritier ne pourra pas réciproquement invoquer la compensation pour se prétendre libéré.

Que décider lorsque l'héritier bénéficiaire se trouve lui-même créancier et débiteur de la succession ?

La question doit se résoudre par une distinction. S'il n'y a pas de créanciers opposants, l'héritier, aux termes de l'article 808 : « paie les créanciers... à mesure qu'ils se présentent. » La créance qu'il a contre la succession se compensera naturellement avec sa dette. Mais s'il y a des créanciers opposants, « l'héritier bénéficiaire ne peut payer que dans l'ordre et de la manière réglés par le juge. » Tous les créanciers, sauf les privilégiés, seront payés au marc le franc, par contribution ; l'héritier bénéficiaire devra payer sa dette, sauf à venir plus tard « dans l'ordre et la manière réglés par le juge. »

Mais la loi n'a pas fixé de délai avant l'expiration duquel aucun paiement ne pourrait être fait valablement par l'héritier. Il en résulte que l'héritier peut se payer lui-même et que la compensation s'opère à son profit dès l'instant de l'acceptation ; les oppositions ne viendront jamais en temps utile à l'égard de l'héritier.

Il y a là une lacune dans la loi. On peut admettre que l'héritier bénéficiaire devra former une demande contre ses cohéritiers, et s'il est seul héritier contre un curateur au bénéfice d'inventaire nommé à cet effet ; s'il n'y pas encore eu d'opposition, la compensation entre ce qu'il doit et ce qui lui est dû sera constatée par jugement ; mais elle n'en sera pas moins légale et prendra date suivant les règles du Code Civil.

Dans le même ordre d'idées une décision remarquable a été rendue par la Cour de Paris, le 16 mars 1850[1]. Les héritiers tenus au rapport des dons à eux faits, ne peuvent compenser le montant de ces rapports avec les créances qu'ils peuvent avoir contre la succession, parce qu'ils sont créanciers de la succession, et débiteurs des co-héritiers.

— Il a été jugé que l'avoué qui obtient la condamnation au dépens, ne peut se voir opposer en compensation les sommes dues par le gagnant à son adversaire[2]. Quel que soit le caractère juridique de la distraction des dépens, qu'elle constitue une subrogation tacite ou un exercice privilégié d'actions, la solution de la jurisprudence est sujette à critique, mais elle était admise déjà sans opposition dans notre ancien droit :

« On ne peut disconvenir, disait Pothier, que la

---

[1] Sirey, 50, 2, 321.
[2] 11 mars 1811 (J. du P. à sa date).

créance résultant de la condamnation des dépens.....
n'ait subsisté en ma personne au moins un instant de
raison ; mais il y a là une grande raison d'intérêt public
qui doit prévaloir sur la subtilité du droit, car les pauvres ne pourraient trouver de défenseurs qui voulus-
sent faire pour eux les avances nécessaires pour leur
faire rendre justice. »

Un plaideur, pourvu de l'assistance judiciaire, ga-
gne son procès et fait condamner son adversaire aux dépens. « La condamnation est prononcée et l'exécutoire
est délivré au nom de l'administration de l'enregistrement et des domaines, qui en poursuit le recouvre-
ment, comme en matière d'enregistrement[1]. » Il a
été jugé que les dépens « constituent une créance propre et personnelle à cette administration, que consé-
quemment, ils ne peuvent être la matière d'une compensation avec ce que le plaideur, qui a gagné son
procès, peut devoir d'ailleurs à son adversaire[2]. »

— L'article 1295 est une application du principe qui
exige la personnalité réciproque des deux dettes.

Pour être opposable au débiteur, la cession d'une
créance doit lui être signifiée ou être acceptée par lui.
(art. 1690). Mais au point de vue de la compensation,

---

[1] Loi du 22 janvier 1851, art. 18.
[2] Rouen, 30 juin 1857, Dev. 58, 2, 348.

le législateur établit une différence importante entre la notification et l'acceptation.

« A l'égard de la cession qui n'a point été acceptée par le débiteur, mais qui lui a été signifiée, cela n'empêche que la compensation des créances postérieures à cette notification », dit l'article 1295.

La connaissance indirecte que le cédé peut avoir du transport ne met pas obstacle à la compensation.

Il n'est pas douteux que la règle doive s'appliquer au cas où les deux dettes ont coexisté avant la notification, mais ne sont devenues compensables que postérieurement.

La compensation aura lieu, nonobstant la notification, si la cause, qui donne naissance à l'autre créance, a un effet rétroactif[1].

Le débiteur qui se rend cessionnaire d'une créance sur son propre créancier, a-t-il besoin, pour que la compensation s'opère, de lui notifier son transport, ou le seul fait du transport opère-t-il la compensation sans autre formalité? On a soutenu que le cessionnaire, dans ses rapports avec le débiteur cédé, se trouve saisi par le seul transport en dehors de toute notification; la règle de l'article 1690 serait établie exclusivement dans l'intérêt des tiers et ne serait pas applicable

[1] Bordeaux, 12 mai 1827, (Dalloz, Obligations, n° 2699).

aux rapports du débiteur cédé avec le cessionnaire. Il en résulte que la compensation s'opère de plein droit dès l'instant du transport, et que le débiteur cédé ne peut plus valablement céder sa propre créance à un tiers.

Cette opinion, consacrée par trois arrêts de Cour d'Appel[1], n'est pas généralement suivie. Les tiers, au sens de l'article 1690, sont tous ceux qui n'ont pas figuré dans l'acte de cession et qui ont intérêt à connaître le changement de créancier. Le débiteur cédé est ainsi manifestement un tiers ; il doit recevoir notification de la cession, pour que dans l'ignorance du transport, il ne fasse pas de paiement au cédant lui-même. La compensation s'opère à l'époque de la notification.

Une créance peut être cédée successivement à plusieurs personnes : le débiteur a le droit d'opposer au dernier cessionnaire toutes les compensations qui se sont opérées entre lui et les cessionnaires antérieurs.

On admet généralement une solution différente pour les créances transmissibles par endossement. Le débiteur d'un billet à ordre ou d'une lettre de change « est présumé, d'après la promesse qu'il a faite, de payer à quiconque serait porteur ou cessionnaire par endosse-

[1] Grenoble, Sirey 29, 2, 70. — Bordeaux, Sirey, 29, 2, 220. — Bastia, Siery 56, 2, 292.

sement, avoir accepté d'avance le transport que ferait le cessionnaire[1]. » Nous savons que l'acceptation du transport implique renonciation à la compensation. En conséquence, le débiteur ne peut opposer en compensation que ses créances contre le porteur ou dernier cessionnaire.

L'effet transmissible par endossement joue le rôle de monnaie, il faut qu'un créancier puisse l'accepter en paiement avec toute sécurité.

Il convient de signaler une diposition du Code Civil autrichien, applicable à toutes espèces de créances, Art. 1442 : « Lorsqu'une créance a été successivement cédée à plusieurs personnes, le débiteur peut opposer la créance qu'il avait contre le premier possesseur ; mais il ne peut opposer celle qu'il avait contre l'un des possesseurs intermédiaires ».

V. — *Les deux dettes doivent être, par la nature de leur cause, susceptibles d'entrer en compensation.*

« La compensation a lieu quelles que soient les causes de l'une ou l'autre des dettes, excepté dans le cas:

1° De la demande en restitution d'une chose dont le propriétaire a été injustement dépouillé.

2° De la demande en restitution du dépôt, et du prêt à usage.

[1] Pardessus, Cour de droit Commercial, n° 227,

3° D'une dette qui a pour cause des aliments déclarés insaisissables. » Art. 1293.

Ces exceptions existaient déjà dans le droit romain,
Les législateurs du Code Civil les ont reproduites sans
tenir compte des principes nouveaux de la compensation légale ; il nous sera parfois difficile de les concilier
avec les règles précédemment établies.

*1° Demande en restitution d'une chose dont le pro-
priétaire a été injustement dépouillé.*

C'est la maxime *Spoliatus ante omnia restituendus.*
L'exception se justifie d'elle-même au point de vue mo-
ral et purement législatif. Mais elle était inutile dans le
cas où la chose dérobée est un corps certain ; car
alors la compensation est impossible, en vertu des
principes généraux. Pour qu'elle constitue une véritable dérogation au droit commun, il faut supposer une
chose fongible ou une quantité, seules susceptibles de
compensation.

*2° Dépôt.*

L'article 1293 2ᵉ ne peut prévoir le cas d'un dépôt
régulier : le dépositaire est débiteur d'un corps certain et la compensation exclue par le droit commun.
Il ne suppose pas non plus l'obligation du dépositaire
convertie en dommages-intérêts : tant que les dom-

mages-intérêts n'ont pas été fixés, la dette n'est pas liquide, et par conséquent n'est pas susceptible de compensation ; d'autre part, les rédacteurs qui parlent d'une demande en restitution n'ont évidemment pas prévu l'action *judicati* exercée après une première condamnation. L'exception est relative au dépôt irrégulier, « tel que celui par lequel on donne en garde à quelqu'un une somme d'argent pour la mêler avec d'autres sommes qui sont déposées par d'autres personnes, et rendre non les mêmes pièces, mais la même somme. Si le dépôt était un dépôt régulier, tel que celui d'un sac d'argent cacheté et étiqueté, il n'y aurait pas lieu à la compensation, non-seulement parce que c'est un dépôt, mais par la règle générale que les dettes de corps certains n'en sont pas susceptibles[1]. »

L'exception doit être restreinte au cas de dépôt irrégulier ; les sommes remises à un banquier, avec mandat de les faire valoir, sont susceptibles de compensation.

L'article 1948 accorde au dépositaire le droit de retenir le dépôt, jusqu'à l'entier paiement de ce qui lui est dû à raison de dépôt ; il ne déroge pas à l'article 1293.

### 3° *Prêt à usage.*

L'exception relative au prêt à usage est plus difficile

---

[1] Pothier, obligations n° 625.

à justifier, le prêt à usage ayant nécessairement pour objet un corps certain ; aussi Pothier n'exceptait de la compensation que la demande en restitutio nd'un dépôt et ne disait rien du prêt à usage.

Bien des explications ont été proposées par les auteurs, aucune n'est absolument satisfaisante.

D'après M. Delvincourt, le législateur a prévu le cas, où en raison de la perte de la chose empruntée, l'emprunteur a été condamné à des dommages-intérêts ; l'article 1293 a pour effet d'empêcher la compensation entre cette dette de dommages-intérêts et les sommes dont l'emprunteur se trouve créancier envers son prêteur [1]. Nous avons déjà rencontré cette explication à propos du dépôt, les mêmes raisons doivent nous la faire rejeter.

Il est encore moins admissible, comme l'a soutenu M. Duranton, que le législateur ait voulu, dans l'article 1293, refuser au commodataire le droit de rétention [2]. C'est une question toute différente de savoir si le commodataire possède le droit de rétention pour les créances nées à l'occasion du commodat ; cette question se discute à l'occasion de l'article 1885, mais elle est manifestement étrangère à l'article 1292. La disposition qui nous occupe, s'applique à la fois au

---

[1] Delvincourt, t. II, p. 169.

[2] Duranton, Traité des contrats, n° 971.

dépôt et au prêt à usage et les met sur la même ligne ; or il n'est pas douteux que le dépositaire a le droit de rétention.

Une troisième explication a été proposée par M. Toullier [1] : le législateur aurait prévu le cas où une chose d'ordinaire fongible forme par exception l'objet d'un prêt à usage ; pour prendre un exemple de Pothier, un inspecteur sachant qu'on doit visiter sa caisse, emprunte des sacs d'argent qu'il rendra après l'ins-.pection ; l'article 1293 a pour effet dans ce cas de rendre la compensation impossible. Mais l'argent prêté *ad pompam et ostentationem*, constitue un corps certain ; l'explication est erronée et confond les choses fongibles avec les choses qui se comptent et se mesurent. Ces dernières sont le plus souvent fongibles ; mais il peut arriver que l'intention des parties leur enlève le caractère de fongibilité, et dans ce cas le droit commun suffirait pour rendre la compensation impossible.

Il est à croire que les rédacteurs du Code Civil ont fait la même confusion que M. Toullier, et là, peut-être se trouve l'explication historique d'un article qui constitue un non-sens juridique.

#### 4° *Dettes insaisissables.*

La compensation n'a pas lieu dans le cas d'une

---

[1] Toullier, tome VII, n° 383.

dette d'aliments déclarés insaisissables. Cette exception
est fondée sur un motif d'humanité et sur une raison
de droit. Pothier disait que ce serait une espèce d'ho-
micide que commettrait celui qui est chargé de fournir des aliments, s'il les refusait sous quelque prétexte
que ce fût, même de compensation. En outre, la compensation est un paiement forcé ; il est naturel qu'une
chose non susceptible d'être saisie par les créanciers
ne puisse être gardée en compensation.

L'exception doit s'appliquer à toutes les dettes dont
l'objet est insaisissable par la volonté de l'homme
ou la volonté de la loi ; ainsi l'article 1293 doit
se compléter par l'article 581 du C. de Pr. qui
déclare insaisissables toutes les dettes d'aliments, lors
même que l'insaisissabilité n'en a pas été stipulée.

Il a été jugé que les sommes grevées de l'usufruit
légal ne peuvent se compenser que jusqu'à concurrence de l'excédant des sommes nécessaires à l'acquittement des charges usufructuaires.

Nous avons admis que la créance dotale ne se com-
pensait pas légalement avec la dette du mari. Pour
établir qu'elle ne se compense pas davantage avec les
dettes de la femme, on invoque l'inaliénabilité et par
suite l'insaisissabilité de la dot mobilière ; mais au lieu
de faire intervenir un principe discutable, il vaut mieux
dire que la compensation est impossible parce qu'elle

ne peut avoir lieu au préjudice des droits acquis aux tiers ; dans le cas en question, elle nuirait aux droits du mari (art. 1298).

## 5° *Impôts*.

Nous avons vu que le droit romain ne permettait pas d'opposer la compensation aux contributions publiques ; cette prohibition avait persisté dans l'ancien droit. Cambacérès proposa de l'insérer dans l'article 1293. Bigot de Préameneu répondit : « que la disposition étant dans l'ordre civil est étrangère aux impositions qui tiennent à l'ordre public ; rien ne doit en arrêter le paiement, l'intérêt général exige que l'État ne soit pas privé de ses revenus. »

Aussi n'a-t-il jamais fait doute dans la doctrine et dans la jurisprudence que les impôts directs ou indirects ne sont pas susceptibles de compensation.

Par exception il est admis que la compensation peut avoir lieu entre un droit indûment perçu par la régie de l'enregistrement, et restituable d'une part, et d'autre part un droit faisant l'objet d'une perception régulière.

Mais l'État peut être créancier et débiteur « à la manière des particuliers. » Ses créances sont alors susceptibles de compensation, si elles réunissent d'ailleurs toutes les conditions requises par la loi. La jurisprudence exige en outre que l'État comme créancier et comme débiteur soit représenté par la même régie, et que la compensation ne porte pas atteinte aux règles de la comptabilité publique.

Les distinctions que nous venons d'établir entre les créances de l'État s'appliquent également aux créances des communes.

VI. — *La compensation ne peut avoir lieu au préjudice des droits acquis à des tiers.*

La compensation légale s'opère entre un débiteur insolvable et l'un de ses créanciers : les autres créanciers n'avaient sur la créance qu'un droit éventuel et ne peuvent s'opposer à la compensation.

Mais pas plus que le paiement, la compensation ne peut avoir lieu au préjudice des droits acquis à des tiers. L'article 1298, qui pose le principe en fait aussitôt application à la matière de la saisie-arrêt. « Ainsi celui qui étant débiteur est devenu créancier depuis la saisie-arrêt faite par un tiers entre ses mains ne peut, au préjudice du saisissant, opposer la compensation. »

Il en sera de même dans le cas où la créance du tiers saisi, antérieure à la saisie-arrêt, ne réunit que postérieurement les conditions de la compensation légale.

La saisie-arrêt a des effets moins absolus que la

cession de l'action. Elle ne confère aucun privilège au saisissant qui doit subir le concours des autres saisissants quelconques ; la créance même du tiers-saisi, née après la saisie-arrêt, sera admise en contribution, sauf le cas de collusion entre le saisi et le tiers-saisi. Mais ce dernier devra-t-il pratiquer une saisie-arrêt sur lui-même, comme l'a décidé la Cour de Lyon, dans un arrêt en date du 12 mars 1832 ? M. Duranton est d'avis qu'il doit signifier au saisissant son intention d'entrer en concours avec lui « avec assignation en validité dans le délai de droit. » Il y aura compensation entre la dette du tiers saisi et sa part contributoire ; mais la compensation ne peut évidemment s'opérer de plein droit, les conditions de liquidité et d'exigibilité faisant défaut.

Il est admis généralement que la saisie-arrêt frappe d'indisponibilité la créance entière. Si l'on suppose que la créance du saisi est supérieure à la créance du saisissant, la compensation est impossible même pour l'excédant de la dette saisie sur les causes de la saisie.

Lorsque la main levée de la saisie-arrêt sera donnée par le créancier ou prononcée par jugement, la compensation sera réputée avoir eu lieu comme s'il n'y avait jamais eu de saisie-arrêt. La cour de Bordeaux a ainsi jugé que le tiers-saisi, devenu postérieurement à l'opposition cessionnaire d'une créance contre le saisi, peut invoquer le bénéfice de la compensation, si le saisissant donne main-levée de cette opposition, encore bien que la main-levée soit postérieure à un second transport de la même créance[1].

Le principe que la compensation n'a pas lieu au préjudice des droits acquis aux tiers reçoit d'autres applications.

Les matières de la faillite et de la succession bénificiaire nous en ont fourni déjà de très-remarquables.

La compensation ne peut éteindre une créance au préjudice de celui à qui elle a été donnée en nantissement.

Un immeuble grevé d'hypothèques est acquis par l'un des créanciers hypothécaires. La compensation s'opère-t-elle entre le prix de la vente et la créance de l'acquéreur ?

Les créanciers hypothécaires n'ont pas un droit acquis sur le prix du bien vendu. La vente ne change rien à leurs rapports juridiques avec l'immeuble ; ils conservent simplement le droit d'en poursuivre l'expropriation forcée entre les mains de l'acquéreur comme ils pouvaient le faire entre les mains du vendeur. Nous déciderons que la compensation s'opère entre la dette et la créance de l'acquéreur.

Le droit des créanciers hypothécaires sur le prix de l'immeuble n'intervient que s'il se produit un ordre

[1] Bordeaux, 14 avril 1829, Sirey, 29, 2, 220.

judiciaire dans une procédure de purge ou d'expropriation forcée. Si l'immeuble était mis en vente par adjudication sur saisie des créanciers, il serait alors vrai de dire que les créanciers hypothécaires ont un droit acquis sur le prix et que la compensation ne peut s'opérer au préjudice de leurs droits.

## SECTION II

### De quelle manière la compensation légale s'opère et quels en sont les effets.

La compensation est un mode d'extinction des obligations qui s'opère sans aucun fait de l'homme, d'où les conséquences suivantes :

Le juge n'a d'autre pouvoir que de reconnaître la compensation opérée en dehors de lui. Ainsi *Primus* débiteur de *Secundus* a contre ce dernier deux créances dont une seule réunit les conditions requises : c'est avec celle-ci que la dette de *Primus* se compensera, le juge ne pourrait suspendre ou rétracter la compensation pour l'opérer plus tard au moyen de l'autre créance. La Cour de Cassation a cependant décidé par arrêt du 9 août 1842 [1] que si le créancier de sommes liquides et exigibles non productives d'intérêt et d'autres sommes susceptibles d'en produire, mais non li-

[1] J. du P. 1843, t. I, p. 470.

quides, devient débiteur d'un prix de vente produisant intérêts, le tribunal peut refuser de déclarer la compensation de la créance liquide et la reculer jusqu'au jour où la créance non liquide aura été liquidée, pour l'établir entre celle-ci et le prix de vente. M. Desjardin fait justement remarquer que cette doctrine substitue à la compensation légale une compensation entièrement discrétionnaire de la part du juge [1].

— Les auteurs se demandent si, le défendeur n'opposant pas la compensation, le juge peut la déclarer d'office. Il est bien entendu que si nonobstant la compencation opérée, l'une des parties poursuivait l'autre, celle-ci devrait invoquer sa créance comme moyen de repousser l'action dirigée contre elle, et qu'à défaut par le défendeur d'opposer ce moyen de libération, le juge ne pourrait rejeter la demande ; en déclarant d'office l'existence de la compensation. La question suppose donc que le défendeur allègue sa créance, mais n'oppose pas la compensation ; elle devient alors peu pratique, mais sa solution est encore certaine ; le juge peut et doit d'office déclarer la compensation. S'il en est autrement du moyen de prescription que le juge ne peut suppléer d'office, cela tient à des considérations spéciales à la matière de la prescription ; le législateur a supposé le cas où le defendeur se ferait

[1] Desjardins, p. 356.

un scrupule de l'invoquer ; il a fallu d'ailleurs un texte formel pour résoudre la question en ce sens.

La compensation n'est qu'un moyen de défense. Elle peut être opposée par une simple requête ; elle est recevable en tout état de cause, même en appel pour la première fois, la créance n'eût-elle pris naissance que depuis l'appel. Le débiteur condamné par un jugement définitif peut arrêter l'exécution en faisant prononcer la compensation « attendu, dit Merlin, que c'est une de de ces exceptions qui tiennent lieu de paiement[1]. » Mais devant la Cour de Cassation elle serait repoussée comme moyen nouveau.

Quels sont en second lieu les effets de la compensation légale? Ils ne sont autres que les effets du paiement:

Les sûretés attachées aux créances, telles qu'hypothèques, cautionnements ou gages sont éteintes par la compensation. Mais si l'une des créances est supérieure à l'autre, elles ne se compensent que jusqu'à concurrence de la plus faible ; dans ce cas les sûretés continuent à subsister, car elles sont indivisibles et garantissent la plus petite portion de la créance comme de la créance entière.

« Si plusieurs dettes compensables sont dues par la même personne, on suit pour la compensation les règles établies pour l'imputation par l'article 1256. »

[1] Merlin, Répertoire. Compensation, p. 1, n° 5.

(Article 1297), M. Desjardins fait justement remarquer que si la dette unique de l'une des parties est échue avant les différentes dettes de l'autre, la compensation s'opère de toutes façons avec la plus anciennement échue. L'article 1256 suppose que les différentes dettes sont toutes échues avant la dette unique [1].

— Les intérêts cessent de courir à partir de la compensation alors même qu'une seule des créances était productive d'intérêts. La prescription est également interrompue par la compensation ; peu importe que la compensation soit invoquée après le temps nécessaire pour prescrire.

— « Lorsque les deux dettes ne sont pas payables au même lieu, on n'en peut opposer la compensation qu'en faisant raison des frais de la remise » art. 1296. Certains auteurs enseignent qu'il s'agit ici d'un cas de compensation facultative. Mais le mot « peut » a le même sens que dans l'article 1291, et opposer veut dire simplement déclarer au magistrat.

Les frais de remise se déterminent d'ailleurs par un simple calcul dont les éléments sont fournis par les cotes officielles de la Bourse ; ils ne pouvaient faire obstacle à la compensation légale.

L'article s'étend au cas où des denrées de même espèce sont dûes en des lieux différents.

---

[1] Desjardins, p. 428.

S'il s'agit de somme d'argent, les frais de remise consisteront en frais de change et de commission. S'il s'agit de denrées les frais de remise sont représentés par les frais de transport, ou par la différence de valeurs entre les denrées sur les deux marchés, augmentée des frais à faire pour acheter de l'un sur l'autre. On calculera les frais de remise qu'auraient déboursés l'une et l'autre partie, si la compensation n'avait pas eu lieu ; puis celle des deux parties qui profite le plus de la compensation devra verser à l'autre la différence des deux sommes.

— La compensation s'opère-t-elle entre la créance qu'une succession a contre un tiers et la créance que ce tiers a acquise depuis l'ouverture de la succession contre l'un des héritiers, si la créance héréditaire a été mise pour la totalité dans le lot d'un autre héritier ? En d'autres termes l'article 883 est-il applicable à une créance qui a été mise en totalité dans le lot d'un copartageant ? D'une part l'article 832 décide que les créances doivent être comprises dans le partage comme les autres biens de l'hérédité, et l'article 883 ne fait aucune distinction entre les divers « effets » compris dans chaque lot ; d'autre part d'après l'article 1220 les créances se divisent de plein droit entre les co-héritiers dès l'ouverture de la succession.

Une première solution consiste à faire prévaloir la

règle de l'article 1220, les créances étant divisées de plein droit, il ne peut être question de les partager, au sens propre du mot. Si une créance est attribuée en totalité à l'un des cohéritiers, l'opération est une cession d'actions ; celui des cohéritiers au lot duquel la créance est mise se trouve cessionnaire de ses cohéritiers pour tout ce qui dépasse sa part, et la cession n'est opposable au débiteur qu'après la signification prescrite par l'article 1690. Supposons *Primus* et *Secundus* héritiers d'une succession à laquelle *Tertius* doit 10000, la créance est mise toute entière au lot de *Primus;* dans cette première opinion *Primus* devra respecter l'effet d'une compensation qui se serait produite entre *Secundus* et le débiteur.

Une seconde opinion, également absolue, admet qu'il faut appliquer ici purement et simplement l'effet déclaratif du partage, *Primus* est réputé avoir acquis directement la créance du défunt, tandis que *Secundus* est réputé n'avoir jamais été investi d'aucun droit de créance. L'article 1220 déclare, il est vrai, les créances divisées de plein droit, mais sous réserve du cas où la créance entière est mise par le partage au lot d'un cohéritier ; le partage résoud la division des créances comme il résoud le droit de co-propriété. Cette seconde opinion est plus dans l'esprit de la loi que la première. L'intention du législateur a été d'éviter les recours entre cohéritiers, pourquoi les aurait-ils maintenus en matière de créances ?

Dans ce conflit des textes on a proposé de faire à chaque disposition sa part d'application. Il faut, a-t-on dit, distinguer entre le temps antérieur au partage et le temps qui a suivi ; jusqu'au partage, l'article 1220 est seul applicable, tous les droits acquis du chef des cohéritiers seront maintenus ; au contraire à partir du partage, les règles et conséquences du partage seront seules appliquées. Ce troisième système ne diffère du premier que sur un point : l'acte de partage produit ses effets dans l'avenir, sans qu'il soit besoin de le signifier. Le partage aurait un effet déclaratif, mais il serait sans effet rétroactif.

Un dernier système distingue entre le débiteur et les autres tiers. En principe l'article 883 est applicable et chaque héritier est censé avoir succédé seul aux créances mises dans son lot ; les cessions consenties par *Secundus* ou les saisies-arrêts opérées par ses créanciers seront inefficaces à l'égard de *Primus* ; mais l'article 1220 aura sa part d'application, il régira les rapports du débiteur avec chacun des cohéritiers : Le paiement, la remise ou la compensation qui ont libéré le débiteur vis-à-vis de *Secundus* l'ont également libéré vis-à-vis de *Primus*.

## SECTION III

### Dans quel cas il est dérogé aux effets de la compensation légale.

I. — *Les parties font un acte incompatible avec les effets de la compensation légale. Paiement d'une dette éteinte par la compensation légale.*

Les rédacteurs ont prévu dans un texte spécial le cas où le débiteur paie une dette qui était de droit éteinte par la compensation.

L'article 1299 est ainsi conçu :

« Celui qui a payé une dette qui était de droit éteinte par la compensation ne peut plus, en exerçant la créance dont il n'a point opposé la compensation se prévaloir au préjudice des tiers des privilèges ou hypothèques qui y étaient attachés, à moins qu'il n'ait eu une juste cause d'ignorer la créance, qui devait compenser sa dette. »

Trois cas sont à prévoir :

1° Celui des débiteurs qui a payé n'ignorait pas la compensation.

2° Il ignorait la compensation, mais il n'avait pas une juste cause de l'ignorer.

3° Il avait une juste cause de l'ignorer.

1er cas. A l'égard des tiers le texte est formel, la compensation qui en s'opérant avait éteint la créance avec tous ses accessoires demeure irrévocable. Ce que l'article dit des privilèges et hypothèques s'entend des cautionnements : les tiers ont un droit acquis à l'extinction de leurs obligations.

Mais entre les parties quel est l'effet du paiement ?
Trois opinions sont en présence.

D'après la première opinion celui qui a fait le paiement n'a plus son ancienne créance éteinte par la compensation, il a une simple *condictio indebiti*.

La seconde opinion également extrême accorde à celui qui a payé son ancienne créance et lui refuse la *condictio indebiti*.

Enfin d'après la troisième opinion le débiteur qui a payé peut à son choix exercer son ancienne créance ou la *condictio indebiti*.

Pour lui refuser la *condictio indebiti* on invoque l'article 1377 qui suppose un paiement fait par erreur. Mais notre hypothèse est prévue par l'article 1376 et cet article accorde sans aucune distinction la répétition de l'indu à quiconque paie une dette n'existant pas. M. Colmet de Santerre [1] ajoute que dans notre hypotèse mieux que dans toute autre il est facile de justifier cette solution, car on n'est pas même séduit par cette raison que celui qui paye sciemment l'indu a voulu faire une donation. Son paiement s'explique ici sans

_______
[1] Colmet de Santerre, tome 5 p. 455 et suivantes.

cette supposition si souvent contraire à la vérité. Il était débiteur et en même temps créancier; en cette dernière qualité il avait un placement qui lui convenait, et puisqu'il avait des fonds à sa disposition, il aimait mieux ne pas se prévaloir de la compensation et payer sa dette pour conserver son placement plutôt que d'être obligé de chercher un autre emploi de ses fonds disponibles.

Rigoureusement les deux dettes étant éteintes par la compensation, la *condictio indebiti*, serait la seule ressource du débiteur qui a payé. Mais l'article 1299, fait revivre l'ancienne créance sous la seule condition de ne pas inquiéter les tiers. M. Colmet de Santerre est d'un avis opposé. « L'article nous dit que celui qui a payé ne peut en exerçant la créance dont il n'a point opposé la compensation se prévaloir au préjudice des tiers des privilèges ou hypothèques qui y étaient attachés, ce qui ne signifie pas qu'il exerce la créance, mais qu'il ne peut exercer la créance et se prévaloir des hypothèques, ou se prévaloir des hypothèques sous le prétexte qu'il exerce la créance. » Cette interprétation ne nous parait pas être celle qui résulte naturellement du texte. « Il ne peut en exerçant son ancienne créance s'en prévaloir au préjudice des tiers. » Sous cette réserve il peut l'exercer.

Le *solvens* exercera donc son ancienne créance telle

qu'elle était avant la compensation. La créance était-elle commerciale, accompagnée d'une élection de domicile, productive d'intérêt ; il peut agir devant la juridiction commerciale, ou au domicile élu, user du titre exécutoire dans les poursuites, réclamer les intérêts ; la créance entraînait-elle la contrainte par corps, il peut faire incarcérer son débiteur.

Il peut arriver que la *condictio indebiti* soit plus avantageuse. Supposons l'ancienne créance non productive d'intérêts et l'*accipiens* de mauvaise foi. Le *solvens* agissant par la *condictio indebiti* obtiendra « tant le capital que les intérêts du jour du paiement, » art. 1378. Au contraire, l'action de la créance ne peut lui procurer que le capital.

2ᵉ cas. Le débiteur qui a payé ignorait la compensation, mais il n'avait pas juste cause de l'ignorer. La loi n'établit aucune différence entre ce second cas, et celui du débiteur qui paie sciemment. Le débiteur n'est pas restitué contre les suites de sa négligence. Il a le choix entre la *condictio indebiti*, et son ancienne créance, mais il reste sans action contre les tiers intéressés à l'extinction de sa propre créance.

3ᵉ cas. Celui des débiteurs qui a payé avait une juste cause d'ignorer la compensation.

Dans ce cas, le législateur accorde au *solvens* une sorte de *restitutio in integrum* contre le paiement qu'il a fait et lui permet d'exercer son ancienne créance avec tous les accessoires qui la garantissaient.

S'il invoque l'article 1299 pour agir contre les tiers, il devra donc établir qu'il avait une juste cause d'ignorer sa créance. Par exemple, à l'époque du paiement, le *solvens* venait de succéder à un de ses parents, créancier de son créancier, mais à raison de la distance, il n'avait pas encore pu être informé de l'ouverture de la succession.

Il n'est d'ailleurs pas douteux que le *solvens* ait droit à la *condictio indebiti*.

— L'article 1299 est uniquement relatif au *solvens*. *L'accipiens* peut avoir reçu le paiement en connaissance de cause, ou s'être laissé payer par erreur.

Dans la première hypothèse, l'*accipiens* n'a certainement plus le droit d'invoquer la compensation, puisque le *solvens*, aux termes de l'article 1299, peut à son tour exercer sa propre créance.

Mais supposons l'*accipiens* de bonne foi. Le débiteur qui a fait le paiement n'a pu priver celui qui l'a reçu par erreur du droit d'opposer la compensation ; or, l'*accipiens* peut avoir intérêt à invoquer la compensation : il suffit de supposer que son ancienne créance, éteinte par le paiement, n'était pas productive d'intérêts, tandis que sa dette qui continue de subsister est, elle, productive d'intérêts.

L'*accipiens* ne pourra d'ailleurs invoquer la compensation qu'à la condition de rétablir les choses dans l'état où elle se trouvaient avant le paiement, en restituant les choses payées.

— *Acceptation par le débiteur cédé de la cession d'une créance éteinte par la compensation.* Art. 1295 1° : « Le débiteur qui a accepté purement et simplement la cession qu'un créancier a faite de ses droits à un tiers, ne peut plus opposer au cessionnaire la compensation qu'il eut pu avant l'acceptation opposer au cédant. » Le débiteur qui garde le silence lors de la notification, n'a pas perdu le droit d'invoquer la compensation opérée antérieurement à cette notification.

Le texte ne fait pas la même distinction que l'article 1299 entre l'acceptation faite sciemment, et l'acceptation faite dans l'ignorance de la compensation ; c'est que l'acceptation constitue, de la part du débiteur, un engagement personnel envers le cessionnaire ; cet engagement n'a été subordonné à aucune condition, à aucune éventualité. Il conviendrait seulement de réserver le cas de fraude, de collusion entre le cessionnaire et le cédant.

Le cédé dans ses rapports avec le cessionnaire sera donc traité comme s'il avait encore été débiteur du cédant à l'époque de l'acceptation ; c'est l'ancienne créance avec son titre et sa nature que le cessionnaire exercera.

Mais la compensation subsiste à l'égard des tiers. Le cessionnaire est sans droit contre eux, il n'a pu dépendre du cédé de faire revivre à leur préjudice les cautionnements, privilèges et hypothèques qui étaient éteints irrévocablement avec la créance du cédant.

Entre le cédé et le cédant, l'acceptation doit être assimilée au paiement, et soumise aux règles de l'article 1299. Le cédé peut agir à son choix par la *condictio indebiti* ou par son ancienne créance ; il ne peut recourir contre les tiers à moins qu'il ait accepté le transport dans l'ignorance de la compensation.

*Renonciation à la compensation.* A propos des articles 1299 et 1295, nous avons rencontré des exemples de renonciation tacite. La renonciation peut être expresse. Dans tous les cas, elle doit être non équivoque et certaine, dans le doute elle ne se présume pas.

La renonciation efface la compensation entre les parties. Cependant elle laisse subsister l'interruption de la prescription : les parties ne sont coupables d'aucune négligence, chacune d'elles a dû croire sa dette éteinte par sa créance; la renonciation sera le point du départ d'une nouvelle prescription.

La renonciation laisse subsister la compensation au profit des tiers.

Mais peut-on d'avance renoncer à la compensation?

M. Toullier a soutenu la négative, en se fondant par analogie sur l'article 1220 « on ne peut d'avance renoncer à la prescription. » Rien ne justifie cette assimilation; tandis que la prescription est d'ordre public, la compensation est d'ordre purement privé. Nous sommes dans la règle de l'article 6 : la compensation est un mode de paiement, les parties ont le droit d'exclure par avance telle manière de payer. Il est à remarquer que la renonciation anticipée, étant une des clauses constitutives de la convention elle-même, est opposable aux tiers.

— Le système de la compensation légale ainsi compris est-il préférable au système romain de la compensation judiciaire ? Remarquons que le législateur lui-même a pris soin dans certaines hypothèses importantes de corriger les conséquences du principe nouveau : Un débiteur acquitte sa dette, ignorant qu'elle est éteinte par la compensation ; le principe du Code Civil voudrait qu'il fût réduit à la *condictio indebiti* et privé des accessoires qui garantissaient son ancienne créance. Mais le législateur a évité ce résultat injuste en dérogeant par l'article 1299 au principe de la compensation légale. De même l'article 1294 *in fine*, justifié par les règles générales de la solidarité, est une dérogation au principe de l'article 1290. Sans doute, la cessation du cours des intérêts est une conséquence équitable du principe admis par le Code Civil ; mais dans le droit romain le même résultat était produit par la rétroactivité.

Il est facile de se rendre compte que les effets de la compensation sont presques identiques sous les deux législations ; on peut dire seulement que la compensation judiciaire aurait épargné les inconséquences que nous avons signalées.

— Sous l'influence concordante du Code Civil et du droit romain interprété par les anciens auteurs, la plupart des législations étrangères ont admis le principe de la compensation légale. On peut donner comme exemple les peuples les plus dissemblables, la Hollande, la Louisiane, l'Italie, la Grèce, l'Allemagne, l'Autriche.

La compensation est judiciaire en Angleterre. « Elle y est admise non par la loi commune, mais en vertu des statuts qui ont été établis en faveur des personnes poursuivies en justice et qui ont à répéter des créances contre ceux qui les poursuivent ; elle n'a pas lieu de plein droit, la partie poursuivie peut seulement l'invoquer. »

La même règle existe aux Etats-Unis.

En Suisse le Code Civil des obligations rendu exécutoire le 1 janvier 1883 n'admet pas non plus la compensation légale. Article 131 : « Lorsque deux « personnes se trouvent débitrices l'une envers l'autre « de sommes d'argent ou d'autres choses fongibles de « même espèce, chacune d'elles peut compenser sa « dette avec sa créance, si les deux dettes sont échues. » Ce n'est pas à vrai dire, une compensation judiciaire, mais une compensation facultative de la part de chacune des parties.

# CHAPITRE II

## DE LA COMPENSATION FACULTATIVE

La compensation légale, telle que nous venons de l'étudier, est la seule dont le Code Civil fasse mention. Il en existe cependant trois autres, la compensation facultative, la compensation judiciaire ou reconventionnelle, et la compensation conventionnelle.

On peut dire que la compensation facultative est encore une compensation légale.

Les conditions exigées par la loi pour qu'il y ait compensation n'ont pas toutes le même caractère, il

en est qui sont uniquement motivées par l'intérêt de
l'une des parties. La volonté de cette partie suffit
alors à lever l'obstacle qui s'oppose à la compensation. Cette volonté est assimilable à une dernière condition; dès qu'elle s'est manifestée, soit devant le juge,
soit en dehors du juge, la compensation s'accomplit
aussitôt.

En étudiant les conditions exigées par le Code Civil nous avons par avance signalé des cas de compensation facultative. Pour en faire l'énumération complète, il faudrait prendre, une à une, toutes les conditions.

Un exemple intéressant nous est fourni par le dépôt : *Primus* a déposé 1000 francs chez *Secundus*,
puis *Secundus* acquiert contre *Primus* une créance
de la même somme. Si *Secundus* réclame à *Primus*
les 1000 francs qu'il lui doit, celui-ci pourra, renonçant au bénéfice de l'article 1293, opposer en compensation sa créance de dépôt. Mais si la créance née
du dépôt est inférieure à l'autre, la compensation suppose que *Primus* offre le paiement de la différence :
c'est l'application de l'article 1244 qui refuse au débiteur le droit de se libérer par un paiement partiel.
L'art. 1290 y déroge en faveur de la compensation légale, organisée par le Code Civil ; nous ne pouvons
étendre cette dérogation à la compensation purement
facultative.

Il y a lieu à compensation facultative dans le cas de prêt à usage, de dettes insaisissables. L'héritier bénéficiaire est libre de renoncer au bénéfice d'inventaire, et demander la compensation entre sa dette personnelle et la créance de la succession.

Il peut encore y avoir compensation facultative au cas où une personne est débitrice du genre et créancière de l'espèce, par exemple débitrice de 10 pièces de vin *in genere*, et créancière de 10 pièces de vin de Bordeaux; elle a manifestement le droit de payer les 10 pièces de vin qu'elle doit *in genere* avec les 10 pièces déterminées qui lui sont dues.

Le débiteur tenu d'une dette à terme peut renoncer au bénéfice du terme et réclamer la compensation avec une créance échue.

La rente perpétuelle n'est pas exigible et ne peut être opposée en compensation par le crédit-rentier, mais le débiteur de la rente peut opposer la compensation, à moins que le temps pendant lequel la faculté de rachat a été suspendue ne soit pas expiré. Si le capital de la rente dépasse la créance du débit-rentier, il devra s'acquitter de la différence par un appoint en espèces, le crédit-rentier ne pouvant être contraint à recevoir un paiement partiel.

L'administrateur d'un patrimoine poursuivi par le créancier du patrimoine peut certainement opposer sa créance personnelle en compensation. Mais peut-il opposer en compensation à son créancier personnel la créance du patrimoine? Le tuteur par exemple peut-il se libérer avec la créance de son pupille?

Nous n'hésitons pas à admettre la négative. Le tuteur n'a pas plus le droit d'opposer cette compensation que d'employer à son profit les sommes touchées au nom du pupille; il doit recouvrer la créance, placer au nom du pupille et mettre à l'abri de sa propre insolvabilité les sommes ainsi touchées. S'il y avait compensation, le pupille ne ferait que changer de créancier, et perdre les sûretés qui pouvaient garantir son ancienne créance.

Nous avons reconnu au mari le droit de compenser sa dette personnelle avec la créance dotale de sa femme. Mais cette solution exceptionnelle était motivée par les pouvoirs exceptionnels du mari sur la créance dotale; à la différence d'un mandataire ordinaire, on sait que le mari peut librement disposer des sommes payées par les créanciers de sa femme et s'en servir pour désintéresser ses propres créanciers.

Les effets de la compensation facultative sont les mêmes que ceux de la compensation légale. Mais la question est de savoir à quelle époque ces effets se produisent. La compensation rétroagit-elle au jour où elle aurait pu être opposée?

J'ai déposé chez vous une somme de 4000 francs, puis vous devenez héritier d'une personne à qui je dois 4000 francs, productifs d'intérêts. Vous me poursuivez en paiement des 4000 francs et des intérêts échus. Je puis vous opposer en compensation les 4000 francs que vous me devez comme dépositaire ; mais pourrai-je me refuser au paiement des intérêts, sous prétexte qu'ils ont cessé de courir depuis l'instant où les deux dettes ont coexisté ?

L'explication même que nous avons donnée de la compensation facultative nous fournit la solution. On sait que la compensation légale ne produit ses effets que du jour où les conditions requises se trouvent réunies ; or, la compensation facultative n'est autre chose qu'une compensation légale subordonnée à cette dernière condition, la volonté d'une partie. Il en résulte naturellement que les effets de la compensation facultative se produisent à l'instant où la volonté de cette partie aura levé le dernier obstacle et rendu la compensation possible. La compensation facultative n'a pas plus d'effet rétroactif que la compensation légale : c'était déjà la doctrine admise par Pothier et l'ancien droit, rien n'indique que la législation du Code ait entendu la modifier.

L'autre système d'ailleurs conduit à une inégalité choquante entre les parties. Pour continuer l'exemple du dépôt, le dépositaire n'a pu tirer parti d'une somme qu'il devait garder en sa possession pour la rendre à première réquisition; il serait injuste de compenser la jouissance de cette somme avec les intérêts du capital dont il est créancier. « L'équité est donc ici en harmonie avec la théorie pour faire décider qu'une compensation qui dépend du caprice d'une des parties, et que l'autre partie subit sans jamais la provoquer, n'a d'effet que du moment où elle a été proposée [1]. »

# CHAPITRE III

## DE LA COMPENSATION RECONVENTIONNELLE

Un débiteur poursuivi en paiement d'une somme liquide et exigible se trouve lui-même créancier du demandeur, mais sa créance n'est pas liquide ; sa volonté ne suffit plus pour opérer la compensation. Le seul moyen pour lui d'échapper à une condamnation sera d'agir par la reconvention, c'est-à-dire former une demande incidente tendant à la liquidation de sa créance afin de la pouvoir compenser avec sa dette.

[1] Colmet de Santerre V, p. 474.

Il est à remarquer que le Code Civil ne dit rien sur la reconvention. Mais une première indication nous est fournie par la discussion au Conseil d'Etat relative aux dettes facilement liquidables, et que nous avons rapportée sous l'article 1291. Il en résulte nettement que les rédacteurs du Code Civil admettaient la compensation par voie reconventionnelle.

D'autre part si le Code Civil est muet sur la reconvention, le Code de Procédure contient deux dispositions formelles.

L'art. 171 décide implicitement qu'un Tribunal saisi d'une première demande est compétent pour statuer sur une demande reconventionnelle connexe.

L'article 464 est ainsi conçu : « Il ne sera formé en cause d'appel aucune nouvelle demande, à moins qu'il ne s'agisse de compensation, ou que la demande nouvelle ne soit la défense à l'action principale. « Si dans ces deux cas la reconvention est admise en appel où il est de principe qu'aucune demande nouvelle ne peut être formée, il est évident qu'elle doit être admise dans les mêmes cas en première instance.

En principe la compensation reconventionnelle est un droit pour le défendeur, mais on reconnait généralement au juge un pouvoir d'appréciation pour disjoindre les causes dans les cas exceptionnels où cela lui paraît indispensable. « Si la demande reconven-

tionnelle dit Henrion de Pansey [1], présentait des difficultés sérieuses de nature à entraîner des longueurs
considérables, il serait de la sagesse du tribunal de la
renvoyer devant son juge naturel, et de statuer défi-
nitivement sur l'action originaire. »

On discute si les effets de la compensation judiciaire
se produisent à partir de la sentence, ou rétroagissent
jusqu'au jour de la demande. D'ordinaire les jugements
ont un effet rétroactif jusqu'au jour de la demande,
mais c'est que d'ordinaire les jugements constituent
un droit préexistant ; au contraire la compensation judiciaire est l'œuvre du juge, elle ne préexiste pas à la
sentence. Les deux créances conservent leur indépen-
dance réciproque jusqu'au moment où le juge prononce leur compensation, les effets de la compensation ne se produiront que dans l'avenir. Si une seule
créance était productive d'intérêts, ces intérêts seront
dus par le débiteur jusqu'au prononcé du jugement.

La créance invoquée par le défendeur peut dépas-
ser la créance de l'autre partie. Le juge compensera
les deux dettes jusqu'à concurrence de la plus faible,
et condamnera le demandeur à l'excédant.

[1] Organisation judiciaire, page 195.

# CHAPITRE IV

## DU COMPTE-COURANT ET DE LA COMPENSATION CONVEN-TIONNELLE

Deux personnes sont en relations d'affaires. Au lieu de régler séparément chaque affaire, elles conviennent de transformer leur dettes et créances en simples articles de débit et de crédit d'un compte appelé compte-courant ; elles s'engagent à ne rien exiger l'une de l'autre avant d'avoir arrêté le compte. Les différents articles du crédit et du débit sont les éléments d'une créance unique, incessamment modifiée et qui se fixe en faveur de l'une ou l'autre partie par le règlement du compte.

Nous devons signaler une des conséquences de cette unité, cette indivisibilité du compte-courant : Les règles du Code Civil sur la compensation sont inapplicables aux divers articles du compte-courant.

Sans doutes toutes les sommes portées au compte sont destinées à se compenser et à se fondre dans le solde, mais une somme du crédit ne se compense pas spécialement avec une autre somme du débit. Deux créances également liquides et exigibles, au lieu de s'éteindre réciproquement continueront à produire intérêts jusqu'à la clôture du compte, peut-être à des taux différents.

Le réglement du compte se produit à des époques périodiques déterminées à l'avance ; certains événements tels que la faillite rendent ce règlement obligatoire. « En cas de faillite, de l'une des parties, dit un arrêt de la Cour de Bordeaux[1], il est indifférent que leur compte n'ait pas été précédemment remis et réglé... leur situation n'en est pas moins fixée par le solde du dit compte, tel qu'il doit être balancé et arrêté au moment de la faillite. »

L'ouverture de la faillite s'oppose en règle générale à la compensation entre les créances et les dettes du failli. Mais ces créances et ces dettes n'ont pu entrer dans le compte-courant sans perdre leur individualité; elles ont fait place à une créance unique, et la clôture du compte est nécessaire pour établir si cette créance unique existe au profit du failli ou de l'autre partie. L'usage des comptes-courants a mis en pratique une quatrième espèce de compensation, la compensation conventionnelle.

Nous avons eu l'occasion de remarquer que la compensation est d'ordre purement privé et dans le do-

[1] 7 mars 1826, (J. du P. à sa date).

maine des conventions. Les parties peuvent soumettre d'avance la compensation de leurs dettes réciproques à des conditions autres que celles exigées par le Code Civil. De même elles peuvent éteindre les dettes dont elles sont actuellement tenues l'une envers l'autre, et qui ne sont susceptibles ni de compensation légale, ni de compensation facultative : par exemple deux personnes qui se doivent mutuellement des rentes peuvent éteindre leurs obligations respectives.

Mais la compensation conventionnelle a des effets beaucoup plus étendus, elle peut intervenir entre plus de deux personnes à la fois, éteindre un nombre illimité de créances, éviter un déplacement considérable de numéraire. C'est l'opération connue sous le nom de virement et ainsi définie par M. Pardessus. « Cette négociation intervient lorsqu'un débiteur qui n'a point de compensation de son chef à opposer à son créancier, trouve parmi ses propres débiteurs une personne envers qui ce créancier est redevable ou ce dernier parmi ses créanciers une personne débitrice de son propre débiteur. Ils s'entendent réciproquement et soldent par des paiements fictifs ce qu'ils se doivent les uns les autres[1]. »

Par un emploi très-ingénieux des virements, le commerce et la banque, principalement en Angleterre, parviennent à régler d'immenses quantités de transaction.

[1] Pardessus, Cours de droit commercial, n° 236.

avec une somme de numéraire relativement très-faible.

Si tous les commerçants avait un compte-ouvert chez le même banquier, les sommes que chacun doit payer seraient faciles à compenser avec les sommes qu'il doit recevoir, un simple mouvement d'écritures suffirait à liquider toutes les dettes. Cette hypothèse n'est pas réalisable, mais une entente générale entre tous les banquiers produira les mêmes résultats : le banquier Primus a pour clients Jean et Pierre, le banquiers Secundus a pour clients Paul et Jacques. Jean débiteur de Paul lui a remis un chèque sur son banquier, d'autre part Pierre a reçu de son débiteur Jacques un chèque sur le banquier Secundus. Les deux créanciers Paul et Pierre font créditer leurs comptes-courants du montant du chèque qu'ils ont reçu et remis à leurs banquiers respectifs. Primus et Secundus n'ont pas à se faire un paiement réciproque ; ils opèrent la compensation sur l'ensemble de leurs dettes et leurs créances.

C'est en vue de compenser leurs créances et leurs dettes que les principaux banquiers de Londres ont réalisé cette grande association appelé le Clearing-House. Le fontionnement en est des plus simples :

Chaque banquier calcule le solde de son compte avec tous ses confrères, puis sur une feuille de liquidation où figurent imprimés les noms des banquiers, avec une colonne de crédit et une colonne de débit en regard de chaque nom, il inscrit le solde de chaque confrère dans l'une ou l'autre colonne; il additionne tous les débits, tous les crédits et fait ressortir le solde général.

Chaque banquier remet sa feuille de liquidation à un inspecteur chargé d'additionner tous les soldes créditeurs et tous les soldes débiteurs; les deux résultats doivent être égaux. Cela fait, on pourrait payer en monnaie les banquiers créditeurs; mais tous les associés du Clearing-house ont un compte ouvert à la Banque d'Angleterre, les paiements s'effectueront par un simple mouvement d'écritures.

Les transactions ainsi réglées s'élèvent par an jusqu'à 150 milliards.

# POSITIONS

## Droit Romain

I. — L'interdiction de la compensation dans l'action de dépôt n'est pas l'œuvre de Justinien, elle existait sous la procédure formulaire.

II. — La compensation dans les actions de droit strict n'est pas une innovation de Marc-Aurèle.

III. — Cette compensation qui avait lieu en vertu de l'exception de dol donnait au juge le pouvoir de compenser et ne l'obligeait pas nécessairement à condamner ou à absoudre.

IV. — La condition de fongibilité n'était exigée ni sous le système formulaire, ni sous la procédure extraordinaire.

V. — Sous la procédure extraordinaire la compensation peut être invoquée dans les actions de droit strict sans le secours de l'exception de dol.

VI. — La compensation n'a pas cessé d'être judiciaire pendant toutes les époques du droit romain.

VII. — Le débiteur n'est pas mis en demeure par la seule arrivée du terme.

VIII. — Le *chirographum* est une source d'obligations.

IX. — Les *cerei-promittendi* ont dans tous les cas le bénéfice de cession d'actions.

X. — L'action *præscriptis verbis* n'est pas toujours de bonne foi.

## DROIT CIVIL.

I. — La compensation n'a pas lieu entre deux dettes de denrées différentes.

II. — Le co-débiteur solidaire poursuivi ne peut invoquer la compensation du chef de son co-débiteur, pas même pour la part que ce dernier doit supporter dans la dette.

III. — La caution solidaire ne peut invoquer la compensation du chef du débiteur principal.

IV. — La compensation entre la dette du mari et la créance dotale de la femme est simplement facultative de la part du mari.

V. — On peut renoncer d'avance à la compensation.

VI. — La compensation facultative ne doit être admise que si le créancier est entièrement désintéressé.

VII. — Les effets de la compensation facultative ne datent que du jour où elle est opposée.

VIII. — Les effets de la compensation judiciaire ne rétroagissent pas au jour de la demande.

IX. — La nullité du contrat de mariage consenti par un mineur non habilité est relative.

X. — Sous le régime de communauté, le mari ne peut aliéner les meubles propres de la femme.

XI. — L'article 2 de la loi du 14 juillet 1819 n'est pas applicable, lorsque tous les co-héritiers sont français.

XII. — L'héritier renonçant n'a pas droit à la réserve.

### DROIT PÉNAL

I. — La prescription contre un délit d'habitude court à partir du dernier fait qui a constitué le délit.

II. — Lorsque le jury après avoir décidé qu'un mineur a agi avec discernement, lui accorde les circonstances atténuantes, la Cour doit faire en premier lieu application des circonstances atténuantes, et réduire ensuite la peine à raison de l'excuse légale de minorité.

### PROCÉDURE CIVILE

I. — La distraction des dépens constitue un exercice privilégié de l'action du gagnant.

II. — Lorsque les deux parties s'accordent pour saisir un tribunal d'arrondissement autre que celui de défendeur, ce tribunal peut néanmoins se déclarer incompétent.

*Vu par le Doyen,*        *Vu par le Président de la Thèse,*

**CH. BEUDANT.**        **C. BUFNOIR.**

VU ET PERMIS D'IMPRIMER

*Le vice-recteur de l'Académie de Paris,*

**GRÉARD.**

# TABLE DES MATIÈRES

## Droit romain.


INTRODUCTION. . . . . . . . . . . . . . . . . . . . . .   1

CHAPITRE I. — De la compensation dans les actions de la loi.

CHAPITRE II. — De la compensation dans le système formulaire. . . . . . . . . . . . . . . .   9

SECTION I. — Compensation de l'*argentarius et deductio du Bonorum Emptor*. . . . . . . . . . . . .   11

— II. — Compensation dans les actions de bonne foi. .   15

— III. — De la Compensation dans les actions du droit strict. . . . . . . . . . . . . . . .   20

— IV. — Compensation dans les actions arbitraires personnelles et les actions *in rem*. . . . . . .   42

— V. — Conditions requises pour que la compensation puisse avoir lieu. . . . . . . . . . . .   46

    I. Entre quelles personnes la compensation a lieu. . . . . . . . . . . . . . . .   46

    II. Conditions relatives à la qualité des créances.

— VI. — Comment s'opère la compensation. . . . .   49

— VII. — Effets de la compensation. . . . . . . .   55

CHAPITRE III. — Procédure extraordinaire. Innovation de Justinien. . . . . . . . . . . . . .   61

APPENDICE. — Compensation opposée au fisc. . . . . .   67


## Droit français.


CHAPITRE I. — De la compensation légale. . . . . . . .   87

SECTION I. — Quelles sont les conditions requises pour que la compensation légale s'opère. . . . . .   87

I. Les deux dettes doivent avoir pour objets des choses fongibles entre elles. . . . . . . 88

II. Les deux dettes doivent être liquidés. . . 93

III. Les deux lettres doivent être exigibles. . 98

IV. Chaque partie doit être personnellement et principalement créancière et débitrice de l'autre. . . . . . . . . . . . . . 106

V. Les deux dettes doivent être par la nature de leur cause susceptible d'autres en compensation. . . . . . . . . . . . . . . 123

VI. La compensation ne peut avoir lieu au préjudice des droits acquis à des tiers. . . . 130

Section II. — De quelle manière la compensation légale s'opère et quels en sont les effets. . . . . . . 133

— III. — Dans quels cas il est dérogé aux effets de la compensation légale. . . . . . . . . 140

Chapitre II. — De la compensation facultative. . . . . 149

Chapitre III. — De la compensation reconventionnelle. . . 154

Chapitre IV. — Du compte-courant et de la compensation conventionnelle. . . . . . . . . . 157

POSITIONS. . . . . . . . . . . . . . . . . 163


FIN DE LA TABLE

Saint Amand. — Imp. et Stéréot. de DESTENAY.